그냥 살아, 그거면 돼.

인생의 가장 낮은 곳에서 기록하는 평범한 청년의 삶

비온뒤하늘

PROLOGUE
내가 걸어온 길

 30년 남짓 짧은 시간이지만, 결코 평범하지 않은 인생을 살아왔다고 생각한다. 그리고 그 평범하지 않음 속에서 나에게 주어졌던 삶의 경험들이 지금의 나를 만들어왔고, 또 만들어가고 있다. 어떤 거창한 인생의 진리에 대해서 논하기에는 연륜도 깊이도 부족한 사람이지만, 신이 나를 이런 삶으로 이끌어 낸 것에는 아마 다 이해할 수는 없을 분명한 뜻과 의미가 있다고 생각한다.

 우리 모두가 그러하듯, 지금도 계속되는 삶의 여정 위에서 여전히 나를 찾아온 고난들, 그리고 아직 답해야 했던 물음들이 있다. 그러한 과정들이 나에게 준 깨달음과 교훈이 있고, 내가 마주한 답이 없는 질문들 앞에 내가 찾는 내 나름의 답들이 있다.

이것은 내가 그대에게 던지는 질문이다. 이미 서점과 인터넷에는 나의 작은 경험들 속 얻은 불안정한 메시지들보다 훨씬 좋은 경험과 스토리텔링, 깊은 통찰과 구성을 가진 책들이 넘쳐 난다. 그럼에도 내가 나의 미천한 경험들을 나누고자 함은 나에게 던져진 인생의 질문들이 당신에게도 자극이고 위로이며 응원이 되기를 바라는 까닭이다. 각자 다른 상황과 맥락 속에 던져지는 동일한 삶의 질문들 앞에 한 사람이 살아낸, 또 살아내고 있는 대답이라 표현할 수도 있겠다. 이렇게 쓰인 글이 당신의 인생에 던져지는 또 하나의 질문이 되기를, 그리고 이미 던져진, 결코 답할 수 없었던 당신을 향한 인생의 물음들을 풀어내는 과정 속 작은 실마리가 되기를 바란다.

동시에, 이 책은 여전히 배움의 과정 위에 있는 내가 나 스스로에게 묻는 질문이기도 하다. 내가 살아온 날들을 하나씩 곱씹어보는 시간들 속에서 내가 살아가는 인생이나 시간이라는 개념, 무엇보다 나라는 존재에 대해 끊임없이 성찰할 수 있었다. 그렇게 내가 누구인지를 묻고 답하는 과정은 내게 큰 배움이었다.

하나의 문장으로 시작한 글이 한 권의 책으로 완성되어 갈즈음, 아무리 평범해 보이는 사람의 얼마 되지 않는 삶의 경험도 단지 한 권의 책 안에는 담길 수 없음을 깨달았다. 그렇기에 나를 기록하고 성찰하는 과정은 앞으로도 계속될 것이라 확신한다.

이 책은 또한 내 인생에 함께해 준 모든 이들에게 보내는 헌사이다. 기록한, 기록하지 않은 모든 사건과 경험들 속에 등장하는 이들이 없었다면 지금의 나는 결코 존재하지 않았을 것임을 확신한다. 책의 등장 여부와 상관없이 내 인생의 여정을 함께 걸어 준 모든 이들에게 감사를 표한다.

무엇보다 언제나 나를 지키시며 인도하신 하나님께 감사드리며, 그 모든 과정에서 언제나 나의 행복과 존재를 응원해 준 나의 가족들에게 깊은 감사와 사랑의 말을 전한다.

얼마 전 사랑하는 어머니 덕에 조르주 상드George Sand의 자서전을 볼 기회가 있었다. 그녀는 책을 이런 글로 시작했다. "타인에게는 관대함을, 나 자신에게는 엄격함을, 신 앞에서는 진실함을. 이것이 이 책을 쓰기에 앞서 내가 제언하는 나의 마음이다." 나 역시 그와 같은 다짐을 해본다. 내가 경험한 인생의 여정들, 그리고 그 속에 보이는 나를 포장하거나 미화하지 않고, 이런 삶을 허락한 신 앞에서 온전히 진실되게 내게 허락된 하나의 인생 이야기를 잘 전달할 수 있기를 소망한다.

목 차

Prologue 내가 걸어온 길_04

Part 1 시작_12

| 모든 것의 시작_13
| 막다른 길_13
| 영원한 친구_16
| 이야기를 시작합니다_18

Part 2 어린 시절_20

II. 프랑스로 떠나다_21
| 프랑스로 떠나다_21
| 내가 만난 프랑스 교육_24
| 한마디_35
| 답답하고 치열한_40
| 가장 큰 행운_43
| 다시 떠나다_49

Ⅲ. 조기 유학생 _51

| 다시 만난 프랑스_51

| 책임과 사랑_54

| 파리의 추억_60

| 나를 바꾼 수업_62

| 보이는 것과 보이지 않는 것_65

| 실패해도 괜찮아_67

Part 3 암흑기_72

Ⅳ. 대학 입시_73

| 대학에 대한 고민_73

| 시작부터 망해버린_77

| 대학의 의미_80

Ⅴ. 악순환_83

| 키블 칼리지_83

| 천국 같은 지옥_85

| 명문대학생_88

| 악순환_93

Part 4 생존_98

VI. 투병생활_99
| 생존의 문제_99
| 이식과 거부반응_104
| 죽음에 대하여_111
| 여전히 살아있다_116
| 복학 준비, 그리고 실패_117

Part 5 회귀_122

VII. 복학, 그리고_123
| 같은 환경, 다른 마음_123
| 가장 큰 행운 2_127
| 미래를 향한 첫 걸음_128

VIII. 또 다시 원점_131
| 불청객_131
| 또 다시 원점_134
| 두 번의 눈물_136

IX. 재이식_141
| 또 한 번의 수술_141
| 그저 평범한 이야기_149

Epilogue 그리고 다시, 5년_151

From. Family_154

PART 1
시작

The Beginning

I.
모든 것의 시작

| 막다른 길

 2008년은 참 이상한 해였다. 마치 어두운 기운이 우리 가족을 감싼 듯이 흔치 않은 삶의 경험이 각자에게 찾아왔다.

 시작은 엄마였다. 2008년 6월, 영국에서 대학을 다니던 형의 졸업식에 참여하기 위해 부모님은 영국으로 여행을 오셨다. 마찬가지로 영국에서 학교를 다니던 나는 학기를 마치고 런던에 계신 부모님과 합류했다. 그런데 우리 가족 중 유럽에서 가장 오랜 시간을 보낸 어머니가 무슨 일인지 시차 적응도 잘 못하시고, 물갈이를 하고, 나중에는 심한 감기 몸살을 앓으셨다. 한국 사람인지 유러피안인지 의심될 정도로 자주 오가시던 어머니인 터라 가족 모두는 더욱 의아해했다. 아직까지도 어머니는 그때만큼 아픈 적이 없다고 말씀하실 정도로 많이 힘들어하셨던 기억이 난다.

그건 시작에 불과했다. 두 달이 지난 2008년 8월, 대학을 졸업한 형은 언제나 마음에 품고 있던 아프리카로 봉사를 떠났다. 한국으로 돌아온 형은 감기몸살과 비슷한 증상을 호소했다. 열이 오르고, 몸이 떨리고, 기운 없어했다. 이유를 알 수 없는 증상들로 병원에 입원해 여러 검사 결과는 열대성 말라리아. 예방 주사를 맞고 충분히 대비를 했음에도 아프리카에서 유행하는 열대성 말라리아에 걸려서 돌아온 것이다.

 병원에 입원해 치료를 받았지만 약은 들지 않았고, 부모님의 말에 따르면 형은 열이 42도를 넘어가 횡설수설하고, 엄마 아빠도 알아보지 못할 정도로 정신을 차리지 못했다고 한다. 그런 고통이 2주 이상 이어질 때쯤, 의사 선생님이 부모님을 찾아와 어떤 약을 써야 할 것 같다고 하셨다. 그 약을 맞으면 3명 중에 2명이 죽을 만큼 위험한 약이지만 이제는 이것밖에 방법이 없다는 설명이었다. 아버지는 병실에 들어가 형의 손을 꼭 잡고 눈물을 흘리며 이런 말씀을 하셨다고 한다. "이런이런 약을 쓸 건데, 아마 죽을지도 모른다. 혹시 그렇게 된다면 먼저 천국에 가서 기다리고 있어라. 그곳에서 다시 만나자."

 부모님의 사랑 덕인지, 살고자 하는 자신의 의지였는지, 형은 다행히 투약 이틀 만에 모든 수치가 정상화가 되고, 곧 퇴원을 했다. 무슨 일이 있었냐는 듯 멀쩡한 형을 보며 사람 몸은 참 신비롭다는 생각을 했다. 그는 그렇게 건강해진 몸을 가지고 그다음 해 여름에 또 아프리카를 향해 떠났다. 누가 보면 정신 나간 일. 그가 품은 아프리카를 향한 마음은 죽음도 막을 수 없었나 보다.

 또다시 두 달 후, 2008년 10월에는 아버지가 자전거를 타다가 넘어져 팔이 부러지셨다. 내리막을 내려가는 길에 완전히 앞으로 구르셨다는데, 정확히 어떤 상황인지는 알 수 없었다. 연세가 적지 않으셨던 아버지는 팔이 부러지자 여러모로 불편해하셨고, 회복에 수개월이 걸렸다. 한 번도 크게 다치신 모습을 본 적 없는 아버지 얼굴에 난 타박상과 흉터, 그리고 팔의 깁스는 왠지 모를 묘한 감정을 불러일으키기도 했다. 형과 달리 시간이 지나면 회복이 되는 일이었고, 실제로 치료를 받으시고 시간이 지나며 아버지는 자연스레 회복하셨다.

 그리고 또다시 두 달이 지난 2008년 12월, 마지막 남은 내 차례였다. 그 당시에만 잠시 아프고 괜찮아진 어머니와, 2주가량 병원에 입원해야 했던 형, 3개월가량을 회복에 써야 했던 아버지. 이 흐름이 복선이었을까? 내가 만난 친구는 더 긴 시간, 아마 평생을 안고 살아야 하는 종류의 것이었다. 그렇게 우리 가족의 머리 위로 어둠이 드리운 2008년이 마무리되어 갈 무렵, 나의 투병 생활이 시작되었다.

| 영원한 친구

 2008년 12월 7일에서 8일로 넘어가는 새벽, 머리가 아파 잠에서 깼지만 시간이 지나도 두통은 가실 줄을 몰랐다. 하루 종일 머리를 아파하는 모습을 지켜보던 어머니는 약을 달라는 말에 증상을 자세히 물으시고는 바로 응급실로 나를 데려 가셨다. 그저 두통으로 생각했던 나와 달리 어머니에게는 상태가 꽤나 심각해 보였던 듯싶다. 도착한 병원에서 검사를 하는데 혈압이 230/170 정도가 나왔고, 지금 당장 쓰러져도 이상하지 않은 수치라며 바로 혈압약을 주었다. 안 그래도 통증으로 힘들어하던 나는 그 말을 듣고 더 어지럽고 상태가 안 좋아지는 듯했다. 역시 때로는 모르는 게 약일 때가 있는 것인가.

 혈압을 확인한 후 온갖 검사를 진행했다. 혈액검사 결과 신장 기능을 알려주는 크레아틴 수치가 7을 넘어간다는 사실을 발견했다. 정상 수치는 1.4 이하로 7은 심각한 수준이라고 설명해 준 것 같지만 당시 그 말을 이해하기에는 너무 당황스럽고 경황이 없었다. 분명 내 목숨에 대해 많은 말들이 의사와 간호사, 부모님 사이를 오가고 있는데 그 무엇도 들리지도, 기억나지도 않는 몇 시간이었다.

의사 선생님은 신장 기능이 이미 10%도 남지 않았다며 나를 바로 병동으로 올려 보내 입원시켰다. 입원을 하고 바로 다음 날, 조직 검사를 해 얻은 진단명은 급성 사구체신염으로 인한 만성 신부전증, 쉽게 말하면 '당신의 신장은 더 이상 기능을 하지 않습니다'였다.

 입원을 한 순간, 처음 나를 찾아온 생각은 우습게도 "다행이다"였다. 졸업 학년, 몸은 지칠 대로 지쳐있었고, 마음 역시 여유 없이 불안정한 상태였다. 진로에 대한 고민, 나 자신을 버린 채 따라갔던 학업과 취업 사이, 내가 가장 중요하게 생각한 건 다른 사람의 눈과 기대치였다. 존경했던 선배들이 들어간 기업은 하나같이 쟁쟁했고 연봉은 어마어마했다. 어쩌면 명문대라는 이름에 얹어지는 기대치에 높은 연봉과 명망 있는 기업으로써 답해야 했는지 모른다. 그 사이에서 나는 과연 그것이 옳은 것인가 고민조차 하지 못한 채 따라가기에 급급했다. 지칠 대로 지쳤고, 거기에 나는 없었다.

 환자복으로 갈아입고 낯선 병원 침대에 누워 천장을 보며 안도의 한숨을 푹 내쉬었다. 정말 지쳐 있었고, 쉼이 필요했던 상황이었기에, 잠시나마 미래에 대한 두려움과 막막함을 내려놓고 푹 쉴 수 있음에 안도했다. 병의 심각성이나 의미조차 모른 채, 그저 쉴 수 있음에 감사했다.

| 이야기를 시작합니다

  22살, 처음 투병 생활을 시작한 지 10년 차가 되었다. 많은 아픔과 어려움이 있었고, 더 많은 기쁨과 감사의 순간들이 있었으며, 그 속에 내게 찾아온 성찰과 깨달음의 순간들도 꽤 있었다. 그 10년 안에는 단순히 투병의 과정만 있는 것은 물론 아니다. 두 번의 투석과 두 번의 신장 이식 수술이라는 투병의 과정 사이에 복학과 졸업, 비전을 향해 나아가는 두 교육 기관에서의 사회 생활도 포함되어 있었고, 그 모든 시간들을 함께 걸어 준 소중한 사람들이 있었다.

  그 모든 순간들이 내게 매우 의미 있었지만, 내 비전을 향한 여정 중 하나인 교육, 더 크게는 사람의 존재에 대하여 공부하고 배우는 과정은 내가 교육하는 이들뿐 아니라 나의 존재에 대해서도 성찰하도록 도와주었다. 그리고 내가 살아온 과정 안에 내가 받은 교육이 나를 얼마나 특별한 존재로 만들었는지를 깨달았다. 이 책을 쓰는 과정 역시 나를 더 알아가는 과정이고, 나를 성장시켜주는 하나의 교육이라고 할 수 있겠다.
  지난 나의 삶을 돌아본다. 그 모든 이야기의 시작은 1995년, 엄마와 함께 프랑스로 떠난 어느 여름날이었다.

길을 걷다가
뒤를 돌아보니
어지럽게 뒤섞인
내가 걸어온 길.

갈래마다
잔뜩 묻어있는
깊디깊은 고민과
후회의 흔적들.

그 순간들을 모아
오색 빛 채색하여
그림을 그린다.

기억의 조각들은
한 폭 그림이 된다.

그렇게 나의 삶은
작품이 된다.

Part 2
어린 시절

Childhood

II.
프랑스로 떠나다

| 프랑스로 떠나다

　평범하다면 평범한, 그러나 결코 평범치 않은 인생이었다. 1995년, 9살의 나이로 프랑스로 떠나게 된 것은 어머니 덕이었다. 어머니는 학문을 사랑하는 분이셨다. 아버지를 따라간 미국에서 뒤늦게 전공에 흥미를 가지신 어머니의 불문학을 향한 열정은 세상을 뒤집어놓을 듯한 두 아들의 난장으로도 막을 수 없었다. 초등학교, 당시 국민학교 2학년이던 나와 2살 많은 형. 어머니는 불문학 박사 학위를 위해 한창 치고받고 싸울 나이의 우리를 데리고 유학 길에 올랐다. 지금 돌아보면 초등학생 아들 둘과 함께 유학을 떠난 어머니나, 기꺼이 기러기 아빠가 되어 모든 지원을 아끼지 않은 아버지나, 정말 대단하신 부부이지 싶다. 만약 지금 결혼한 나의 친구 부부가 그런 결정을 한다면 경이롭게 여길 것이 분명하니까. 그렇게 시작된 2년 간의 이민 생활은 내 인생 거의 모든 것을 바꾸어 놓았다.

아직 뭘 잘 모르던 어린 나이였기 때문에 적응은 오히려 쉬웠다. 조금의 어려움이야 왜 없었겠냐만은 운동장에서의 소소한 놀이, 교실에서의 작은 장난들로 금세 아이들과 친해질 수 있었다. 또, 워낙 사교성이 좋은 형과 함께 갔다는 것이 내게는 큰 행운이자 도움이었다.

2년 간 형과 나는 Ecole Blomet라는 공립학교를 다녔다. 그 학교에는 프랑스어가 모국어가 아닌 학생들을 위해 불어를 집중적으로 가르치는 CLIN[1]반을 운영했다. 어린 나이인 데다가 한국인들이 많지 않아 생활 속에서도 자연스럽게 프랑스어만 써야 하는 환경은 프랑스어를 아주 빠르게 습득할 수 있도록 해주었다.

첫 등교를 하기 바로 전날, 입학 직전이 돼서야 걱정이 되셨는지 급하게 프랑스어 알파벳을 알려주시던 어머니의 모습이 아직도 기억이 난다. a, b, c를 전날 저녁에 겨우 배우고는 단어 하나 모른 채 학교에 던져진 것이다. 어머니는 알파벳과 함께 하나의 문장을 외우게 했다. 'Je ne parle pas français 나는 프랑스어를 못합니다'). 대충 배워 어렴풋이 기억하는 알파벳과 열심히 외운 한 문장을 가지고 처음 교실에 들어갔을 때, 선생님은 다정하게 말을 걸어왔다. 아마도 이름을 묻지 않았을까 싶었으나 알아들을 리 없었다. 처음 마주한 외국인이

---

1. CLasses d'Initiation pour Non-francophones: 비 불어권 학생 대상 입문 교실

무서운 소심한 나는 형의 뒤로 숨었고, 말 한마디 할 줄 몰라도 당당했던 형은 어깨를 펴고 자신감 넘치는 목소리로 자신이 아는 유일한 문장으로 답했다. 'Je ne parle pas français'. 말하자면, 이런 대화가 이어졌다.

"What's your name?", " Je ne parle pas français."
"Where are you from?", " Je ne parle pas français."

나중에 알게 된 것은 선생님을 프랑스어를 못하는 학생들을 위해 영어를 주로 사용한다는 것. 아마 첫 만남에서의 질문들도 영어로 물었을 것이다. 그마저도 알아듣지 못하고 '나는 불어를 못합니다'를 반복한 것은 선생님의 발음이 워낙 프랑스 발음이었기 때문이라고 믿고 싶다. 어쨌거나 말이 안 통한다는 걸 깨달은 선생님은 아이의 당당함이 귀여운 듯 피식 웃으며 손가락으로 가리켜 우리의 자리를 알려주었다. 그렇게 프랑스에서의 학교 생활이 시작되었다.

다행히도 CLIN 반 대부분은 우리와 비슷한 수준의 친구들이었다. 칠판에 필기체로 써놓은 당신의 이름을 아무도 읽지 못하자, 선생님은 친절하게 한 글자씩 또박또박 활자체로 적어주셨다. 수업은 언제나 즐거웠고, 선생님은 언제나 학생들을 존중해주었다. 단어나 문장을 새로 배우면 서로 자기 언어로 그 문장을 가르치기도 하고, 각자 자기 나라를 친구들에게 소개하는 수업을 진행하기도 했다. CLIN 반에서 수업을 듣는 동안은 공부를 한다는 생각은 들지 않았지 싶다. 친구들과 낯선 언어를 장난감처럼 가지고 놀며 - 실제로 게임도 많이 했으니까 - 그것과 조금씩 익숙해져 가는 과정에 가까웠다. 알파벳도 다 모르던 아이가 1년이 채 안 된 기간 사이에 어느 정도 유창하게 프랑스어를 구사하고, 정규반에서 프랑스인 친구들과 같이 수업을 들으며 자연스럽게 어울릴 수 있었다. 이는 CLIN 반의 즐거운 수업이 프랑스의 언어와 문화를 얼마나 잘 소개해주었는지 보여준다.

 소위 즐거운 수업은 배움이 느리다는 인식이 있지만, 수업 하나하나가 아닌 전체를 봤을 때 그 즐거움이 주는 배움의 효과는 다른 차원의 것이 된다는 걸 나는 경험을 통해 배웠다. 내가 배워야 하는 것들을 하나하나 나열하며 '공부'하는 것이 아니라, 배워야 하는 내용이 즐거운 시간들 사이 자연스레 스며들게 하는 그때의 수업이 얼마나 수준 높은 교육이었는가를 이제야 깨닫는다.

| 내가 만난 프랑스 교육

 학교, 수업에서 친구들과 선생님들을 통해 자연스레 배울 수 있었던 것은 언어 이상의 새로운 문화와 사고방식이었다. 물론 내 주위에는 어린 시절부터 10년을 넘게 프랑스에서 살아온, 초중고 대학교를 다 프랑스에서 나오고 사회생활도 하고 있는 사실상 프랑스 사람인 친구들이 있기에 학창 시절에 겨우 몇 년 산, 그것도 대부분의 시간을 기숙사에서 보낸 내가 프랑스의 문화와 사고방식을 논하는 것이 부끄럽지만 말이다. 어쩌면 프랑스의 문화라기보다, 내가 경험한 학창 시절에 배운 새로운 사고방식이라 표현하는 게 맞을지도 모르겠다.

프랑스 교육이 한국에서도 크게 화제가 된 만큼, 프랑스에서 조기 유학을 했다고 하면 다들 묻는 말이 있다.

"프랑스랑 한국이랑 뭐가 그렇게 달라요?"

객관적인 차이는 분명하다. 평가하는 방식이 달라 프랑스는 객관식이 없고 서술형이 매우 많다. 한국으로 치면 문, 이과 중 어떤 트랙을 선택하든 철학 수업은 꼭 들어야 한다. 대학을 들어가는 방식도 다르다. 대학의 서열이 분명한 한국과 달리 프랑스 대학은 평준화되어 있다. 물론 엘리트 학교라 할 수 있는 그랑제꼴이 존재하나, 그곳에 들어가기 위해 전력을 다하는 학생의 비율은 상대적으로 극소수이다. 세부적으로는 예술 교육의 접근 방식 차이, 언어 수업에서 발표나 토론이 차지하는 비율, 과학 과목에서 항상 놓치지 않는 윤리 이슈에 관한 토론 수업 등을 나열할 수 있다.

이 책에서 프랑스와 한국 교육 시스템의 객관적 차이, 그 장점과 한계점 등을 나열하고자 함은 아니다. 우열을 떠나 분명한 차이가 존재하는 전혀 다른 환경에서 얻은 지극히 개인적이고 주관적인 배움들에 대해 이야기하고 싶다.

1. 스스로 생각하는 힘

개인적인 경험에 비추어볼 때, 프랑스의 교육은 미국보다도 한국 교육의 반대편에 서 있다고 본다. 내가 경험한 교육은 개인의 개성을 존중하고 응원한다. 과거 한국에서도 큰 이슈였던 프랑스의 수능, 바칼로레아만 봐도 알 수 있다. 수능 시험에서 가장 중요하게 다뤄지는 과목 중 하나가 '정답'이 아닌 '자신의 생각'을 풀어내야 하는, "꿈은 필요한가?"와 같은 답이 없는 질문에 '정답'이 아닌 '나의 생각'을 풀어 서술해야 하는 철학 과목이라는 사실은 자신만의 주체적인 생각과 가치관을 얼마나 중요하게 생각하는지 여실히 보여준다. 한국에 돌아와 학교를 다닐 때 나의 생각이나 질문을 꺼낼 때면 '쓸데없는 소리 하지 말고 공부나 하라'는 류의 소리를 듣곤 했다. 그러고 보면 '쓸데없는' 생각이나 질문이 수업의 어떤 맥락에서 나왔는지를 파악하고 자연스레 수업의 흐름과 연결해 수업을 진행한 선생님들은 참 대단한 분들이었구나 싶다.

비슷한 맥락의 교육 문화를 초등학교 수업에서도 경험했다. 선생님들은 내가 정답을 맞힐 수 있는지 여부와 무관하게 틀리더라도 나의 의견을 갖고 표현하는 연습을 하도록 유도했다. 모르니까, 배우기 위해 학교를 다니는 것이니 당연히 틀릴 수 있다고 여기고, 모르거나 틀리는 것을 부끄러워하는 게 오히려 이상하다는 분위기가 있었다. 그 틀림을 돌아보는 과정이야말로 가장 많이 배우는 방법임을 그들은 알고 있었다. 그렇기에 정답을 맞혀도 그 정답에 이르는 과정을 설명하지 못할 때면 다시 그 문제를 들여다볼 수 있도록 지도했다. 이렇게 스스로 생각하는 힘을 중요시하는 사고방식은 여전히 내 중심에 자리 잡고 있다.

첫 등교 장면에서 드러나듯, 낯설었던 상황들 앞에서 소심한 나의 반응은 형 뒤로 숨기였다. 함께 던져진 환경은 형도 나만큼이나 낯설었을 텐데, 그런 부분까지 고려할 여유가 없던 나는 그의 뒤로 숨기 바빴다. 물론 그런 모습으로 인해 주위 친구들에게 놀림받기도 했고, 부끄러워 도망치고 싶었던 순간들도 있었다. 선생님과 친구들은 그런 나에게 형으로 대변되는 내가 아닌 진짜 나의 생각을 듣고 싶어 하는 마음도 분명히 느낄 수 있었다. 시작부터 쉬웠던 건 아니지만 자연스럽게 녹아든 그 문화 속에서 나를 표현하는 데에도 점점 익숙해지기 시작했다. 그곳 학교 역시 어려움도 많았고, 다툼도 종종 발생했다. 패가 갈리고 왕따가 생기는 상황들도 한국과 별반 다르지 않았다. 중요한 것은 기본적으로 깔려 있는 문화적 인식이었다. 그들은 내 안에 있는 것을 보고 듣고 싶어 했다.

나를 표현하기 위해서는 내 안에 무언가 있어야 한다. 비어 있는 물감으로는 그림을 그릴 수 없듯, 내 안에 나의 생각이 무어라도 담겨 있어야만 꺼낼 수 있다. 바꿔 말하면 나를 표현하는 연습은 먼저 내 안을 채우는 노력에서 시작한다.

나를 궁금해해 주는 그들 덕분에 처음으로 다양한 생각을 시작했다. 다른 이들의 말을 수용하지 않고 대화 주제에 대해 나는 어떤 생각을 하고 의문을 품는지 고민했다. 의견을 풀어 써야 하는 에세이나 발표 과제도 큰 도움이 되었다. 10분짜리 발표를 하기 위해서는 적어도 1시간은 자료 조사를, 1시간은 발표 준비를, 1시간은 소리 내어 연습하는 과정을 거쳐야 한다는 어느 선생님의 가르침을 기억한다. 이렇듯 나를 표현하기까지는 채우고 - 의견이 명확히 전달되도록 구성하고 - 실제 표현하는 장면을 연습하는 등 다양한 단계가 필요하다. 수업과 생활에서 이런 과정을 연습하며 스스로의 생각을 바탕으로 하는 가치관과 관점이 형성되어갔다. 그렇게 얻는 '스스로 생각하는 힘'과 '나의 생각'은 지금까지도 나를 특별하게 만들어주는 독특함이자, 머나먼 타지의 교육과 문화가 나에게 준 큰 선물이다.

2. 존중, 그리고 배려

 '스스로 생각하는 힘'을 기르게 하는 교육, '나의 생각'에 대한 존중은 바꿔 말하면 한 사람으로서의 개인에 대한 존중이 강하다는 의미이다. 프랑스에서는 마트의 캐셔들이 서로 수다를 떠느라고 5분 넘게 계산을 안 해준다고 농담처럼 말한다. 실제로 인터넷 하나 설치하려 해도 3주 이상 걸리곤 하는데, 그 중심에는 노동자가 인간으로서 마땅히 누려야 할 삶에 대한 존중이 담겨있다. 물론 늦어지는 인터넷 설치나 에어컨

수리 기사를 보며 이런 거창한 의미를 부여하기보다는 '그래, 프랑스는 그렇지'라며 체념해버리는 경우가 더 많겠지만, '프랑스의 그러함' 안에는 사람에의 존중과 배려가 존재한다. 그도 사람이고, 고객의 필요를 채워주는 만큼이나 한 개인으로서 자신의 삶을 영위하는 것이 중요하기에, 일이 밀려 있어도 시간이 되면 식사를 하고, 퇴근 시간이 되면 퇴근을 하는 일이 당연한 일로 여겨지는 것이다.

유럽에서 살다 온 친구들이나, 유럽에 가서 살고 싶어 하는 친구들과 만나 대화를 하다 보면 한국과 프랑스에서의 생활을 비교하는 경우가 종종 있다. 그럴 때면 빠지지 않고 언급되는 이슈는 생활 속 편의이다. 예전에는 프랑스는 모든 서비스가 느리고 불편한 부분이 많은 반면, 한국은 모든 필요가 바로 처리되고 빠르다며 '역시 생활은 한국이 훨씬 편하다'는 이야기를 했었다면, 요즘은 그런 서비스와 편의를 제공하기 위해 생명을 깎아내고 있는 이들의 고된 헌신에 대해 생각하게 된다. 그리고 서로에 대한 존중의 의미로 어느 정도 불편을 감수하는 희생은, 거창하게 표현하자면, 프랑스혁명의 박애정신으로부터 비롯되는 인간의 존엄에 대한 존중이 담긴 문화적 현상이라 표현할 수 있겠다. 다시 말하지만, 전반적인 문화의 측면에 대한 이야기이지, 실제로 생활을 하다 만나는 여러 상황에서 박애주의보다 먼저 차오르는 감정은 짜증이나 분노이다.

사람에 대한 존중은 타인, 특히 약자에 대한 배려와 관용으로 이어진다. 초등학교 2학년, 이제 겨우 불어를 막 알아들을 즈음, 버스를 타고 가는 길에 다리가 아프고 피곤했는지 노약자석에 앉아 잠이 들었다. 얼마나 시간이 지났을까, 갑자기 머리에 깨질듯한 통증을 느끼며 잠에서 깼다. 날벼락이었다. 옆을 돌아보고서야 어느 할머니가 지팡이로 내 머리를 내려쳤음을 알 수 있었다. 통증의 크기로 봤을 때 풀스윙이 분명했다. 할머니는 '네가 어떤 나라에서 왔는지는 모르겠지만, 이 나라에서는 몸이 불편한 어른이 타면 자리를 양보하는 거다.'라며 호통을 쳤다. 할머니의 말은 나와 내 나라를 무시하는 말이었을 수도 있고, 어쩌면 인종차별의 의도가 있었을지도 모를 일이다. 혹은 나의 상황을 모른 채 던진 무례한 말이었을 수도 있다. 집에 와서 엄마에게 그 이야기를 털어놓았을 때 만약 엄마가 이상한 할머니니까 네가 참으라는 식으로 말했다면, 마냥 억울함으로 끝났을 사건이었을 가능성이 높다. 하지만 내 가치관의 기준이었던 - 지금도 여전히 그러한 - 나의 현명하신 어머니는 '서있는 것조차 힘든 할머니에게 건강한 네가 자리를 양보하는 게 맞다'며 '그런 분들을 배려하기 위해 만들어 놓은 노약자석'이라는 설명도 놓치지 않으셨다. 나보다 힘들거나 부족한 사람을 위해 내가 할 수 있는 노력을 마땅히 함이 옳다는 가치를 가르치셨고, 나는 이를 진리처럼 받아들였다. 아마 그 할머니도 자신의 노약자로서의 권리를 주장했다기보다, 외국에서 온 꼬마 아이에게 배려와 관용의 마음을 가르치려 했다고 믿는다. 내가 자리에서 일어났을 때, 할머니는 당신이 앉지 않으시고 옆에 있던 허리가 조금 더 굽어 있는 다른 할머니에게 그 자리를 바로 내어 주셨으니까. 그날의 경험은 약자를 향한 배려와 관용의 마음이 무엇인가를 배울 수 있는 값진 경험이었다.

3. 나에 대한 인정

　나의 개성, 스스로 생각하는 힘을 키워가며 타인을 향한 존중과 관용을 배우다 보면, 자연스레 그러한 존중과 관용이 나 스스로를 향한다. 남들과 다른 나의 모습을 인정해주고, 때로 부족한 나에게 관용을 베푸는 마음의 여유를 갖는다.
　아마 나는 어려서부터 생각이 지나치게 많고, 친구들과 조금 다른 아이였었지 싶다. 아마 그게 초등학교 1학년 시절, 친구들에게 따돌림을 당했던 이유였으리라. 어렴풋한 기억이지만, 가장 친하다고 믿었던 친구의 생일 파티에 나만 초대받지 못해 텅 빈 놀이터에서 혼자 놀던 기억이 있다. 왕따라는 단어가 지구 상에 존재하기 전 이미 경험을 통해 배웠고, 다름을 인정받기 어려운 환경에서 언제나 나는 '특이한' 사람의 경계에 서 있었다. 좋게 봐주는 사람에게는 '특별함'이, 그렇지 못하다면 '이상함'이 되는 그 경계. 사람마다, 보는 관점이나 각도마다 나에 대한 묘사의 차이가 심했다.

어린 시절 프랑스에서의 2년은 나에게 자유를 선물했다. 스스로를 존중하는 마음은 '달라도 괜찮아, 그건 오히려 멋진 거야!'라고 말해주었고, 자신감과 자기애가 점점 자라 갔다. 조금 달라도, 조금 특이한 나의 어떠함이 있어도 이를 비웃거나 손가락질하기보다 호기심을 가지고 질문해오는 환경도 한몫했다. 패션에는 문외한이지만, 문득 파리가 문화의 도시이자 패션의 도시로 여겨지는 건 이 때문이 아닐까 싶다. 남들과 달라도 좋은, 오히려 다르기에 좋은 분위기이야말로 새로운 트렌드와 개성을 꽃 피우기 충분한 환경임이 분명하다. 어느새 나의 독특함 역시 감춰야 할 흠이 아닌 드러내도 좋을 매력이 되었다.

많은 경우, 우리는 다른 사람들의 시선이나 편견으로 인해 상처 받는다. 아니, 그렇다고 믿는다. 하지만 어쩌면 상처 받는 이유는 스스로를 존중하는 마음 없이 사람들이 하는 말에 휩쓸리기 때문이 아닐까? 다시 한국으로 돌아온 후에도 나는 여전히 매우 특이한 아이였다. 프랑스에서 타인의 시선과 편견에 나를 내어주는 대신, 나 스스로를 인정하는 법을 배웠던 것일까? 소심하고 말수가 적은 2년 전 모습을 아무도 믿지 않을 정도로 자신감 넘치고 명랑한 소년이 되어 있었고, 마치 타고난 듯한 당당함과 자기 확신의 성격은 지금도 여전하다.

우리는 상처를 받는다.
마음대로 되지 않는 상황에,
뜻대로 움직이지 않는 사람에,
약점을 건드리는 말 하나에
우리는 상처를 받곤 한다.

내 마음에 흉터를 남긴 친구의 한마디.
심장의 일부를 도려낸 엄마의 욕설.
술을 먹고 드러낸 진심에 담긴
나를 부정해버리는 연인의 취중진담.
이런 말들이 가장 상처가 된다 믿는다.

하지만 착각이다.
그들은 이미 자신이 한 말조차
기억하지 못할 가능성이 높다.

스치듯 넘겨도 좋을 말들을
머리와 마음속에 무한 반복 재생하며
내 마음속에 되뇌이고 있는 사람은
다름 아닌 나 자신이다.

마치 이미 문이 열린 감옥 안에서
자유를 달라고 외치기만 하는 이처럼
우리는 스스로를 가두고
이미 흐려진 과거의 상처를
나 혼자 고해상도로 되새김질하여
결국 다시 현재로 되살리고 만다.

우리는 상처를 받는다.
우리 안에는 상처 주는 목소리와
상처를 위로하는 목소리가 있다.
어떤 목소리에 귀를 기울일지는
온전한 우리의 선택이다.

| 한마디

 프랑스에서의 시간은 빠르게 흘렀고 2년을 꽉 채운 1997년 여름, 나는 다시 한국으로 돌아왔다. 겨우 익숙해진 프랑스를 떠나 한국의 학교로 전학을 갔고, 그 짧은 사이 국민학교는 초등학교가 되어있었다. 돌아온 한국에서도 나는 여전히 톡톡 튀는 나의 개성을 온몸으로 표현해내며 프랑스의 사고방식 그대로 생활했다. 내가 유달리 특별했던 건 아니었다고 생각한다. 그저 모든 사람은 각자의 특별함과 고유함이 있음을 운 좋게 깨닫고는 나의 반짝이는 고유함을 드러내며 살기를 즐겼고, 반대로 자신의 다름을 드러내기를 다소 주저하는 친구들에 비해 조금, 아주 조금 튀었을 뿐이다.

 나는 당시 시골에 가까웠던 - 비포장도로를 걸어 천을 따라 등교했던 - 죽전이라는 동네로 이사를 했다. 지금은 백화점과 마트가 생기고, 지하철도 지나는 도시이지만, 그때만 해도 새롭게 개발되며 아파트들이 막 들어서는 시기였기에 동네에 새로 이사 온 전학생만으로도 1개 반이 만들어질 정도였다. 대지 초등학교 4학년 3반, 그곳은 내가 뛰노는 운동장이었고, 나를 마음껏 표현할 수 있는 캔버스였다.

 아직 시골이었던 죽전의 꼬맹이들은 공부에 대한 압박 없이 뛰어 놀기 바빴다. 매일 축구를 하고, 팽이를 치고, 롤러스케이트를 타며 놀러 다녔다. 아파트 단지와 학교 운동장, 차가

빼곡히 들어선 주차장까지, 온 동네가 우리의 놀이터였다. 학교까지 조금 거리가 있어 스쿨버스를 타고 다녔는데, 버스로 이동하는 15분이 채 되지 않는 짧은 시간도 게임과 수다로 가득 채웠다.

 모두가 낯선 '전학생반'과의 만남도 큰 행운이었다. 모두가 친한 학교에 덩그러니 혼자 떨어지는 전학생의 감정을 느끼기보다, 처음 대학에 입학할 때 각지에서 온 친구들과 서로 친해지고 알아가는 설렘처럼 우리 역시 그랬다.

 초등학교 시절을 떠올리면 머리를 스치는 인상적인 장면이 하나 있다. 4학년 2학기, 처음 학교에 갔을 때 본 수학 시험에서 0점을 맞고 말았다 (물론 그 장면은 전혀 인상적이지 않다). 크게 공부에 관심이 없던 초등학생이기도 했고, 그나마 배운 수학도 프랑스어로 배웠기 때문에 한국어로 된 수학 용어를 몰라 시험 문제 자체를 이해하지 못했기 때문이었다. 정말로. 정말이다. 아마도 그 경험은 어린 나에게 큰 좌절이었으리라. 감사하게도 그 순간 부모님도 담임 선생님도 나를 혼내지 않았다. 괜찮다고 말하는 부모님과 잘할 수 있을 거라 격려해주시는 선생님 사이에서 열심히 노력할 힘을 얻었고, 그 결과 학기 말 수학 시험에서 100점을 맞을 수 있었다.
 학기가 끝나는 종업식, 담임 선생님은 반 학생들 모두에게 한 장씩 편지를 써 주셨다. 내가 받은 편지에는 한 학기 동안 수고했다는 여러 인사와 격려의 말들 사이 수학에 대한 언급이 있었다.
"열심히 노력하면 잘 해낼 줄 알았어.
두수는 수학을 참 잘하는구나?"

 형식적으로 보일 수 있는 그 한 문장은 내 삶에 어떤 울림이 되었다. 그때부터 나는 수학을 잘하는 사람이 되었고, 언제나 가장 좋아하는 과목은 수학이 되었으며 이를 즐기기 시작했다. 초등학교 5학년부터 대학에서 수학을 전공하는 게 나의 인생 목표 중 하나가 되었다.

 누군가가 던진 말 한마디가 듣는 이의 인생을 결정짓기도 한다. 무심코 뱉은 말이 어떤 이에게는 꿈이 되고, 아무 생각 없이 던진 생각이 누구에게는 인생을 포기하는 이유가 되기도 한다. 누군지도 모를 지나가는 행인이 던진 "진짜 못 생겼네"라는 말 한마디로 며칠을 울며 성형을 고민하던 친구를 본 적이 있다. 그 사람이 누구인지와 무관하게 우리 가슴에 박힌 말의 조각은 피가 철철 나도록 큰 상처를 남길 수 있다.
 때로는 뱉지 않은 말인 경우도 있다. 성적표를 보며 짓는 부모님의 표정과 한숨에서 학생들은 이미 백 마디 잔소리보다 더 큰 목소리를 듣고, 좌절하거나 안도한다. 부모님 뿐 아니라 친구나 직장 상사, 지나가다 만난 동네 아저씨, 학교 선생님이나 버스 기사 아저씨까지. 스치는 모든 사람은 말, 행동, 표정, 눈짓 하나로도 서로에게 영향을 주며 살아간다. 익명성에 기대 쉽게 던진 말들이 듣는 이의 심장을 도려내는 상처가 되는 악플이 대표적인 예이다.

 우리의 말에는 힘이 있다. 어쩌면 누군가의 인생 경로를 완전히 바꿔놓을 수 있는 힘.
 그런 의미에서 초등학교에서 만난 선생님의 말 한마디가 나의 10년, 20년 후의 진로에까지 영향을 미치고 있으니, 그런 선생님을 만난 것 역시 실로 엄청난 행운이라 말할 수 있겠다.

길을 걷다 어슴푸레 들려오는
지나가는 행인이 던진 말 한마디도
수 십의 감정들을 몽글대게 하는데

서로를 마주하고 눈을 마주 보며
관계라는 맥락 안에 주고받는 말들은
얼마나 강력한 힘을 갖는가.

말하지 않음으로 생기는 오해와
말을 함으로 끼치게 되는 영향력 사이
언어에는 책임이 따른다는 사실을
새삼 느낀다.

시위를 떠난 화살처럼
이미 뱉어진 말은 되돌릴 수 없고
말의 결과는 고스란히 내게로 돌아와
나의 일부가 되는 까닭이다.

| 답답하고 치열한

 초등학교 6학년, 내가 살던 아파트 단지 안에도 초등학교가 새로 생겼고, 자연스레 대현 초등학교로 전학을 갔다. 처음 생긴 학교에 6학년으로 전학을 간다는 건 1회 졸업생이 된다는 의미이다. 최초가 된다는 것은 - 그것이 무엇이든 - 매우 설레는 일이다. 무얼 하든 최초가 되고, 새로운 규칙을 함께 만들어가는 느낌을 주며, 마치 스타트업을 시작하는 창립 멤버들처럼 주인의식과 책임감도 갖게 되었다.

 그중에서도 첫 전교회장 선거에서 당선이 되어, 무려 대현초등학교의 1대 전교회장으로 이름을 남겼다. 연설이 가장 주요했다고 본다. 다들 진지하게 공약을 걸며 연설을 할 때 혼자 스탠드업 코미디에 가까운, 아버지의 도움을 받아 위트와 농담을 실하게 담은 연설을 했고, 재미가 중요한 어린 학생들의 마음을 움직이지 않았나 싶다.
 전교회장의 자격으로 아침 방송 조회나 전교 임원 회의를 진행하는 기억은 여전히 신나고 흥미로운 경험으로 남아있다. 아침 조회 진행을 위해 무슨 뜻인지도 모르는 "순국선열과 호국 영령에 대한 묵념이 있겠습니다"라는 문장을 외워야 했고, 방송반 시스템을 처음 접해본 때이기도 하다. 강단이나 카메라 앞에서 마이크를 처음으로 잡아보는 경험은 '내가 무대 체질일 수도 있겠구나'를 느끼게 해 주었으며, 담임 선생님이 부모님과 상담을 할 때 '이 아이는 가수를 시키셔야 할 것 같습니다'를 진지하게 상의하던 기억이 날 정도로 사람들 앞에 서는 걸 즐겼다.

 무엇보다 시골에 처음 생긴 학교에서 학구열이 높았는지 기억은 잘 나지 않지만, 공부에 대한 압박이나 나를 가두려는 틀을 만나지 못했다. 덕분에 그때까지만 해도 마음껏 자유롭고 개성 있을 수 있었기에 프랑스와 한국의 차이를 크게 느끼지는 못했던 것 같다.

 중학교 진학 후, 상황은 완전히 달라졌다. 중학교가 초등학교보다 더 많은 노력을 요구하는 부분도 있고, 상대적으로 변한 환경 탓도 있었다. 비교적 학구열이 높았던 분당의 어느 중학교와의 첫 만남에서 받은 느낌은 답답함과 치열함이라 하겠다.

 당시에는 교복을 입고 머리를 짧게 잘라야 했다. 개인의 개성에 빠져 살던, 남들과 다르게 튀고 싶던 나에게 머리와 복장 규제는 매우 답답한 일이었다. 사실 그렇게 패션이나 헤어스타일에 관심이 있는 사람도 아니지만, 신경 쓰지 않는 것과 신경 쓸 여지가 없는 것은 전혀 다른 얘기였다. 특히 한창 힙합에 빠져 있던 반항심 가득한 중학생에게 '자유를 억압하는' 그 환경은 숨이 막혔다.

 학교 생활 자체가 힘든 것은 아니었다. 함께 놀 수 있는 친구들이 있었고, 마음껏 즐거울 수 있는 놀이 문화가 가득했다. 그때 만난 친구들과 지금까지도 가장 친하게 지낼 정도로 좋은 추억이 많이 담긴 시절이 분명하다. 하나 좋은 친구들과의 추억과 학교 생활의 즐거움은 별개의 문제였다. 되려 친구들과 함께 했던 대부분의 행복한 추억은 학교가 주는 스트레스를 함께 견디어 내는 전우애, 학교의 틀에서 벗어나는 소심한 일탈들 사이 즐거움이거나 아예 학교 밖에서 만든 추억들이었다.

또 한 가지 느낌은 전에 느껴본 적 없는 치열함이었다. 그전까지는 성적이라는 게 그렇게 중요한 영향을 미치는 요소인지 몰랐다. 중간고사에서 전교 1등을 했던 선배가 기말고사에서 전교 2등으로 떨어졌다는 이유로 부모님에게 골프채로 맞았다는 소문을 들은 순간 온몸에 소름이 돋을 정도로 경악을 금치 못했던 기억이 난다.

주위 친구들 역시 그랬다. 성적 때문에 혼나고, 성적 때문에 겁을 먹고, 성적을 이유로 하는 학교와 가정의 체벌은 흔한 일이었다. 그 치열함에 이끌려 나 역시 학원도 다니고 열심히 공부하며 나름 좋은 결과를 낼 때도 있었지만, 성적이 올라도 전혀 행복하지 않았다. 성적에 목숨을 거는 그 분위기는 삭막하다 못해 숨이 막혔고, 그런 치열함 속에서 내 옆의 친구들을 이기는 것이 과연 얼마나 큰 의미가 있는지 의문이었다. 좋은 성적이 행복이 아닌 안도의 한숨으로 이어지는 걸 보며 '이건 아니다'라는 결론을 내렸다.

답답함과 치열함을 견디기 힘들었던 사춘기 소년은 그렇게 유학을 가기로 결심한다. 천국처럼 기억되는 그곳, 프랑스로.

| 가장 큰 행운

내 인생에서 만난 가장 큰 행운을 고르라면 망설임 없이 나의 가족을 만난 것이라 말하겠다. 내가 기억하는, 지금도 겪고 있는 나의 부모님은 서로를 생명처럼 사랑하시고, 두 아들을 목숨보다 아끼시는 분들이다. 불문학을 전공하신 소녀 같은 감성의 인문학자인 엄마와, 능력 있는 펀드 매니저로 사회의 치열함을 겪어내신 아버지는 성향이 전혀 다름에도 동일한 사랑으로 나와 형을 바라보셨다. 그런 부모님께 지식과 지혜를 넘어 삶을 대하는 태도와 사고방식을 배울 수 있었다.

부모님은 흔히들 말하는 '방목형'으로 나와 형을 키우셨다. 다른 친구들과 달리 공부나 성적이라는 이유로 맞지 않은 것은 물론, 핀잔 한 번 들어본 적이 없었다. 단순히 말을 안 하는 것뿐이 아니었다. 정말로 '내가 너를 사랑하고 자랑스럽게 생각하는 데에 있어 성적은 어떠한 영향도 미치지 못한다'는 마음이 표정과 눈빛, 말과 행동에 고스란히 담겨 있었다. 자식들에 대한 관심이 없었다거나 미래에 대한 기대가 없었던 것은 결코 아니었다. 잘못을 하면 매를 들고 큰소리를 치는 평범(?)했던 부모님은 어느 한 계기를 통해 우리를 대하는 방법과 방향이 송두리째 바꾸셨다.

 나의 초등학교 시절, 매우 엄격하셨던 아버지는 어느 '가정과 교육'에 관한 세미나에 다녀오시고는, 당시 초등학생이었던 두 아들을 앞에 세워놓고 무릎을 꿇으셨다. 그리고 눈물을 흘리며 '지금까지 너희를 인격적으로 대해주지 못한 것 같아 미안하다'고 사과하셨다. 이어서, 다시는 우리 형제에게 체벌을 하거나 소리 지르지 않을 뿐 아니라, 무엇이라도 당신의 마음대로 강요하거나 시키지 않겠다고 약속하셨고, 20년이 지난 지금까지도 그 약속을 지키고 계신다. 공부나 진로, 어떤 것에도 잔소리를 듣거나 혼나지 않은 학창 시절, 유일하게 들은 잔소리는 엄마의 '방 치워라'였다. 그것만은 양보가 안 됐나 보다…

 덕분에 자유롭게 자랐지만 그 자유에는 책임이 따랐다. 부모님은 내 인생 모든 선택의 순간에서 스스로 결정 내릴 권리를 주셨고, 유학과 전공, 대학과 진로 등 모든 것을 스스로 결정할 수 있게 해 주었다.

 그렇다고 무심하게 나 몰라라 하신 건 결코 아니었다. 내가 필요로 할 때면 어른으로서 아낌없는 조언과 지혜를 나누어 주셨다. 단지 당신들의 의견을 강조하거나 강요하지 않고, 내가 가지고 있는 선택지와 그에 따른 책임들을 객관적으로 설명하며 나의 시야를 넓혀주고는 선택을 맡기셨다. 때로 부모님의 추천과 반대되는 선택을 할지언정 나의 선택을 존중해

주셨다.

 명문대학교 졸업생으로 진로를 고민할 당시, 학교 이름에 걸맞은 높은 연봉의 이름 있는 회사와 내 꿈을 좇아 반의 반도 안 되는 연봉을 받고 일해야 하는 NGO 사이 갈림길에 서있을 때였다. 아버지에게 상의를 드리자 아버지는 딱 한마디만 하셨다.

 "아마 직장을 결정할 때 가장 고려해야 할 부분은 수입과 결혼일 거다. 대출을 받는다고 해도 수중에 얼마 정도의 돈을 가지고 있어야 할텐데, 부모님의 도움은 없다고 가정할 때 어떤 선택이 좋을지 생각해봐.

 그 한 문장으로 복잡했던 생각이 말끔하게 정리되었고, 망설임 없이 NGO에 입사를 했다. 고려할 게 결혼이라는 말에 사랑으로 시작한다면 돈이 부족해도 문제 될 게 없다는 젊은 낭만과, 내가 가진 능력으로 월급 이상의 부수입은 얼마든지 만들 수 있다는 자신감이 있었기 때문이다. 금융권에서 일하며 경제적 가치의 중요성을 누구보다 뼈저리게 아시는 아버지의 눈에 내가 한 선택은 바보 같았을지 모른다. 하지만 그 후로 단 한 번도 그 선택에 대해 언급하지 않으셨다. 대신 무엇을 배우고 어떤 경험을 하고 있는지, 몸이 힘들거나 지치지는 않는지를 종종 물어오셨고, 내가 얻는 배움과 느끼는 행복에 대해 축하를 아끼지 않으셨다.

삶의 선택과 책임을 스스로 할 수 있도록 하는 대신, 부모님은 나에게 사랑의 모습을 보여주심으로 교육하셨다. 유학생 시절 방학을 맞아 한국에 들어올 때면, 주말마다 엄마 아빠 둘이서만 영화관에 가거나 산책을 하는 일은 익숙한 일이었고, 식사 후에 알콩달콩 설거지를 하고 서로에게 유치한 장난을 치는 일상에서도 그 사랑을 목격했다.

 기숙사 학교에서 직접 받은 성적표를 부모님과 공유하지 않았기에, 부모님이 보는 유일한 나의 모습은 방학 동안 들어와 보내는 짧은 일상들이었다. 자러 들어갈 때 모습 그대로 아침까지 게임을 하는 아들의 모습, 머리를 노랗게 염색하고 힙합 바지와 3XL 티셔츠를 입는 모습. 이따금씩 술에 취해 들어오는 모습까지. 부모님이 본 나의 학창 시절은 그랬다.
 새벽까지 술을 마시고 들어와 헤롱대며 침대에 눕는 나를 보며, 혹시나 누운 채로 구토를 하면 기도가 막힐까 싶은 걱정에 아버지는 밤새 곁을 지키며 고개를 돌려주셨다. 설상가상으로 다음날이 개학을 위해 프랑스로 돌아가는 날이었다. 아침까지도 술이 깨지 않은 아들을 겨우겨우 보내고는 공항에서 집으로 돌아오는 길, 두 분은 눈물을 참으며 두 손을 꼭 잡고 "우리 아들이 어떤 미래를 살아갈지라도, 여전히 자랑스럽고 사랑하는 아들로 여기자"며 다짐하셨다는 사실을 대학에 입학하고 나서야 들을 수 있었다. 실제로 내가 대학 입시에 실패하고 지금과 전혀 다른 길을 걷고 있다 할지라도, 부모님이 나를 같은 마음으로 사랑하며 자랑스러워하실 것임은 분명하게 확신한다. 그게 내가 보고 듣고 느낀 사랑의 모습이었다.

 가장 큰 행운, 가족에는 부모님만큼이나 형도 큰 자리를 차지한다. 중학교 2학년 떠난 프랑스는 두려웠어야 맞다. 낯선 도시의 낯선 학교, 당황스럽고 불편한 일들 투성이어도 이상하지 않았으리라. 그러나 형의 존재가 있었기에 그저 행복하게 그 시기를 즐길 수 있도록 해주었다. 아마 나에게 안전한 세상을 선물하기 위해 보이지 않는 곳에서 형은 부단히 노력했을 것이다. 형도 처음이고, 형도 막막한 상황들을 형이라는 이름의 책임감으로 마주했으리라는 사실을 지금은 안다.
 그렇게 형은 마치 아버지처럼 나의 든든한 보호자이자 후원자가 되어주었다. 아주 어릴 적엔 치고받고 싸우기도 했던 우리였지만, 기숙사 학교를 같이 살아내며 자연스레 형을 의지하게 되었다. 시간이 지나 투병의 시간을 겪던 때에도 형은 아들을 사랑하는 부모의 마음으로 동생을 사랑했다. 바쁜 출장과 회사 일정 사이에도 입원이나 수술 소식이 있을 땐 달려와 곁을 지켜 주었고, 이식 수술을 마치고 나왔을 때 보호자를 자처하고 1주일 가까이 병실을 지켜주었다.

 그런 가족들의 사랑과 응원, 지지가 주는 안정감은 삶의 모든 과정을 좌절하지 않고 헤쳐갈 수 있는 무게중심이 되어 주었다. 질병이라는 친구를 처음 만났을 때 무너지지 않을 수 있던 가장 큰 이유 역시 가족이었다.

어릴 적에는 세상이 다 내 맘대로 되는 줄 알았다.
거기에 부모님과 많은 이들의 삶을 건 희생이 있다는 건 몰랐지...

자라며, 이제 세상은 때로 내 맘대로 되지만은 않음을 깨달았다.
세상은 혼자가 아니고, 나만큼 자기밖에 모르는 놈들 투성이더라..

조금 더 자라고 알았다. 세상은 다 내 맘대로 안 되는 사이,
그래도 가끔 내 맘대로 되는 것들에 위안 삼아 사는 곳이란 걸..

바꿀 수 없는 수많은 변수들 사이 내가 할 수 있는 걸 무어라도 찾고,
그 안에서 보이지 않던 새로운 가능성을 발견하는 여정이 우리의 삶.
....삶의 무력함 앞에서 내 맘대로 되는 세상을 내게 선물하기 위해
생을 다해 죽음까지도 각오했던 이들의 사랑을 기억해본다.

| 다시 떠나다

 나를 온전히 존중하시고 무엇도 강요하지 않으시는 부모님을 만난 것은 분명 행운이었지만, 부모님의 압박이 없는 중학교 시절을 지냈다고 해서 사회적인 압박도 없는 것은 아니었다. 학교에서 담임 선생님이 주는 공부에 대한 스트레스, 말하지 않아도 느껴지는 묵직한 분위기, 친구들 사이 묘한 경쟁 심리, 위압감까지. 시간이 갈수록 마냥 즐겁고 행복했던 어린 시절 기억을 떠올리며, 프랑스에서의 자유와 한국에서 느끼는 갑갑함을 비교하기 시작했다. 열심히 주어진 과제를 해내기 위해 노력하고 있으면서도, 나와는 전혀 맞지 않는다는 생각을 지울 수 없었고, 계속 이런 환경에 있다가는 고등학교를 졸업하기 전 스트레스로 돌아버릴지도 모르겠다는 결론을 내린 게 중학교 1학년이 끝나갈 무렵이었다. 거기에는 이미 프랑스로 유학을 떠나 있던 형도 한몫을 했다.

 다시 프랑스로 유학을 가고 싶다는 결심과 함께, 오히려 2학년 1학기 중간고사 성적을 최대한 올리는데 노력을 쏟았다. 그저 도망가고 싶은 마음이 아니라, 명확한 상황 판단에 따른 결론임을 보여드리고 싶었다. 전교 석차를 1자리로 만든 성적표를 부모님께 보여드리며 "저는 대한민국 교육 시스템과는 맞지 않으니, 제가 좋아하는 수학만 공부하기 위해 프랑스로 유학을 떠나겠습니다"라고 거창하게 선포했다. 지금 생각해도 중학교 2학년의 말이라 믿기 힘든 이런 멘트 역시 꽤나 프랑스스러운 나의 고유함에서 나온게 아닐까 싶다. 단호하고 확고했던 나의 결단 앞에, 언제나 아들의 의견을 존중해 주겠다. 약속하신 부모님께서는 흔쾌히 그 제안을 받아들이셨고, 철없고 어리기만 한 막내가 걱정이 되셨는지 형이 있는 기숙사 학교로 같이 갈 것을 권하셨다. 처음부터 그럴 생각이었던 터라, 기쁜 마음으로 형이 있는 프랑스 북부의 도시, 릴Lille에 있는 기숙사 학교E.A.B.J.M Lille[2]로 유학을 떠났다.

---

2. E.A.B.J.M Lille은 프랑스 교육 과정과 국제 교육 과정을 함께 운영하는 이중 언어 학교 (Bilingual School).

III.
조기 유학생

| 다시 만난 프랑스

다시 만난 프랑스는 자연스럽고 익숙했다. 언어의 장벽도 없었고, 문화적으로는 오히려 한국보다 잘 맞는 옷처럼 느껴졌다. 같은 학교로 2년 먼저 유학을 가 있던 형의 도움도 컸다. 워낙 사교성이 좋아 어디를 가든 모두를 친구로 만드는 형이었기에 이미 학생과 교사, 기숙사 사감 등을 가리지 않고 모두 친해져 있었고, 기숙사 내에서의 존재감도 컸다. 덕분에 처음으로 학교 도착했던 밤 10시, 그의 동생이 온다는 소식을 듣고 기숙사의 모든 학생과 사감이 복도로 나와 환영해 주던 모습이 아직도 생생하다. 형에게 선물 받은, 길고 긴 유학생활의 역사적인 첫 장면이었다.

기숙사 생활을 하며 나는 혼자 사는 걸 좋아하는 사람이라는 걸 깨달았다. 중학교 기숙사 나름의 엄격함이 있었지만, 한국의 학교 분위기에 비하면 답답함조차 느끼지 못할 정도였다. 규칙을 피해가며 친구들과 즐기던 약간의 일탈까지도 그렇게 재미있었다.

 기숙사가 좋은 또 다른 이유는 중학교 1학년부터 고등학교 3학년까지 함께 생활하는 공간이기에 자연스레 생기는 관계와 상호작용이다. 한국에서 초, 중학교를 다닐 때는 선, 후배들과 교류할 기회가 제한적이었다. 1년 반 동안 다닌 중학교에서 이름을 알고 지내는 선배의 수가 다섯 손가락 안에 꼽을 정도였으니까. 반면 프랑스 학교는 규모도 그리 크지 않았고, 기숙사에 사는 친구들은 그 수가 더 적고 언제나 함께 어울렸기에 학년과 나이에 상관없이 모두가 친구가 되었다. 서로의 공부를 도와주고, 같이 운동도 하며 친해졌다. 서로 다른 국적, 서로 다른 언어, 서로 다른 성장 배경을 가지고 모인 이들이 자유롭게 우정을 나누었다. 물론, 당시의 나에게 기숙사 생활의 가장 좋은 점은 내 방에서 학교 교실까지 걸어서 1분 정도 거리 밖에 되지 않는다는 사실이었다.

 부모님과 떨어져 독립적으로 생활하는 기숙사, 학업적인 압박이나 부담을 주지 않는 학교, 서로의 다름을 인정하는 분위기. 모든 것이 완벽했던 그 당시를 떠올리면 지금도 미소 짓게 되는 추억들로 가득하다. 무엇보다 나다움을 찾아가기에 가장 적합한 환경에 속할 수 있음은 정말이지 큰 행운이었다.

스스로 생각하는 힘을 기르기 가장 좋은 시기는 사춘기이다. 생각의 폭이 확장되고 메타인지가 가능해지는, '나'와 '내가 사는 세상'에 대한 질문이 계속해서 솟아나는 시기. 특히나 생각이 많고 질문이 많은 나는 철학 수업에서나 다룰 법한 질문들을 묻곤 했다. 이 시기를 프랑스에서 보낼 수 있다는 사실 역시 나에게는 엄청난 행운이었다.

중학교 3학년, 아마도 게으름에서 시작된 질문 중 하나는 '나는 왜 이토록 열심히 살아야 하는가?'였다. 그리 열심히 살았는지도 모르겠지만, 당시 침대에서 일어나 씻고 1분 거리의 교실까지 이동하는 길이 너무 무겁고 귀찮게 느껴졌다. 다들 열심히 살아야 한다고 말하는데 그 이유를 몰랐고, 성적을 잘 받는 게 좋은 것이라 말하는 그들을 이해할 수 없었다.

학교에는 감사하게도 이런 질문을 가지고 말을 걸어오는 나와 대화해주고, 함께 고민해주는 선생님이 있었다. 특히 친한 몇몇의 선생님들과는 퇴근 시간이 지난 후에도 도서관에 같이 앉아 답이 없는 질문에 대해 토론을 이어갔다 - 그게 얼마나 큰 희생이었는지는 사회생활을 시작하고 나서야 알 수 있었다. 그들은 답을 주지 않았다. 자신만의 정답이나 철학을 나에게 강요하지 않았다. 다만 내가 가진 의문을 깊게 들여다볼 수 있도록 질문에 질문을 이어갔다.

대화의 내용과 흐름도 잘 기억나지 않으나, 내린 결론 중 하나는 '그러지 않아도 좋다'였던 기억이 난다. 열심히 하지 않아도 되고, 좋은 성적을 받지 않아도 된다. 다만 유급하지 않기 위한 최소한의 노력은 해야 한다.

 여러 교사, 친구들과 나눈 끈질긴 물음의 과정 끝에 나는 자유로울 수 있었다. 열심히 하지 않아도 되니 하고 싶은 만큼만 하면 된다는 결론 탓인지, 그 해답에 도달하는 대화의 과정 속에 느낀 '내 생각'에 대한 존중과 인정 때문인지는 알 수 없다. 이유야 어찌 됐든, 공부를 좋아하게 되었다. 더 이상 공부는 성적을 받기 위해 의무적으로 하는 불필요한 노력이 아니었고, 배움이라는 놀이의 장처럼 느껴졌다.

| 책임과 사랑

 누구에게나 격동적이고 불안한 청소년기를 겪는 동안 삶에 대한 책임과 이를 지원하는 부모님의 사랑을 배울 수 있었던 장면이 여럿 있다.

1. 프랑스와 한국 사이

 학교 생활을 즐겁게 하다가 방학이 되면 학교 기숙사는 문을 닫고, 나는 갈 곳을 찾아야 했다. 종종 친구 집에 초대받는 경우도 있었지만, 그렇지 않을 경우 한국에 들어왔는데, 프랑스 어느 호텔에 묵으며 숙식을 해결하는 비용보다 한국행 비행기 값이 싸게 먹히는 까닭이었다. 당연히 한국에 있는 친구들이 보고 싶은 마음, 그리고 사랑하는 아들에게 맛있는 거라도 먹이고 싶은 어머니의 사랑이 크게 작용했다. 어머니의 집

밥만큼 소중한 게 또 무엇이 있으랴.

 유학을 간지 3개월이 지난 첫 겨울방학, 한국에 왔다. 반가운 친구들을 만나기 위해 유학을 떠나기 전까지 다니던 중학교에 놀러 갔다. 담임 선생님께 허락을 구하고는 항상 거기 있었던 학생인 양 수업을 듣고, 선생님들과 인사를 나누고, 친구들과 장난도 치며 하루를 보냈다.
 그때, 단순했던 중학생 소년은 순간적인 즐거움 앞에 다시 한국으로 돌아오고 싶다는 충동적인 생각을 하게 됐다. 힘들었지만 그래도 재미있었던 한국 학교에서의 추억이 새록새록 떠오르며, 굉장히 미화된 기억들을 회상하곤 했다. 아마 중학교 시절 유학을 떠난 이들이라면 공감하리라. 남의 떡이 커 보이고 그림의 떡이 더 맛있어 보이듯, 그날 나는 그토록 싫어하던 학교로 다시 돌아가고 싶다는 마음을 가득 안고 집으로 돌아갔다. 그리고 부모님께 솔직한 마음을 말씀드렸다. 그때 부모님이 보이신 반응이 참 지혜롭고 현명했다.
 앞서도 언급했듯, 부모님은 언제나 나에게 선택을 맡기시고 그 책임을 지는 것이 어떤 의미인지 가르치셨다. 아버지께서는 내 얘기를 다 들으시고 이런저런 대화를 나누었는데, 그중에도 이런 문장이 기억에 남는다.

"네가 돌아오고 싶다면 당장 돌아와도 괜찮다. 하지만 친구들 학교에 다녀오고 드는 순간의 감정이라면 아마 얼마 지나지 않아 후회할 가능성도 간과할 수 없다."

 다시 돌아온다면 그 후에 유학은 없다는 말을 덧붙이며, 큰 결심이었으니 1년은 더 다녀보고 다시 얘기해보면 어떻겠냐고 물으셨다. 물론 선택은 온전히 나의 몫. 이런 말씀 앞에 '책임'이라는 단어를 피부로 느낄 수 있었다.
 내가 하고 싶은 대로 해도 된다고 믿었던 철없는 아이에게, 모든 의견을 존중하는 아버지께서 처음으로 내가 한 결정에 대한 책임을 말씀하신 것이다. 이러한 책임을 가르치는 일이 오히려 아이를 성숙한 하나의 인격으로 대하는 태도이며, 마냥 어린애처럼 하고 싶은 대로 두는 것은 바람직하지 못하다는 걸 아셨던 것 같다.

 나의 선택과 책임에 대한 부모님의 태도를 이렇게 표현한다. "부모님은 언제나 내 편에서 나를 지지하지만, 동시에 나의 책임을 중요하게 생각하신다. 그리고 당신들이 관여하지 않은 그 선택에 대한 책임을 기꺼이 함께 지신다"라고. 실제로 미국 국적을 가진 형이 한국인으로서의 의무를 다하겠다며 군대에 입대했을 때, 부모님은 군생활 내내 단 한 번도 빠지지 않고 격주로 면회를 가시는 모습을 보며 입대라는 형의 선택을 응원하고 지지해주시는 모습을 보았다. 여담이지만, 부모님이 격

주로 가신 이유는 이제는 형수님이 되신 당시 형의 여자친구와 매주 번갈아가며 면회를 갔기 때문이었다. 부모님과 형수님을 보며, 사랑은 위대하구나를 새삼 느꼈다.

 한국에 있는 친구들과의 즐거운 추억, 그리고 프랑스의 즐겁고 자유로운 생활 사이 갈등했다. 생각을 할수록 떠오르는 한국 학교의 기억들. 의미 없게만 느껴졌던 시험공부, 정확한 뜻도 모르고 외우고 바로 까먹은 지식, 선생님들의 체벌을 빙자한 폭력까지. 내가 한 선택에 대해 온전히 스스로 책임을 져야함에서 오는 두려움에 정신이 번쩍 들었다. 덕분에 보다 냉철하게 상황을 판단했다. 그날 이후, 유학을 결심했던 나의 결정을 단 한 번도 후회하지 않았고, 다시 한국에 돌아오고 싶다는 생각도 더 이상 하지 않았다.

 사실 학교 생활 자체가 크고 작은 책임을 자연스레 배우는 환경이었다. 비행기로 10시간을 넘게 가야 하는 먼 땅에서 문제가 생기면 부모님과 상의 없이 스스로 해결해야 하는 경우가 많았다. 지금이야 스마트폰으로 얼굴을 보며 통화를 하거나 사진을 찍어 실시간으로 전송할 수도 있지만, 당시는 덩치 큰 모니터로 메일을 보내거나, 정말 필요할 때 국제전화 카드를 구매해 공중전화로 전화를 걸어야 했으니까.

 물론 어린 막내였던 나는 형의 도움을 청할 때도 많았지만, 그럴 때조차 내 행동에 대해 책임지는 모습이 멋지다는 걸 배울 수 있었다. 형이 졸업한 후에는 온전히 홀로서기를 해야 하기도 했고 말이다.

　잠깐의 방황 후 새로운 마음가짐으로 돌아간 학교를 대하는 나의 태도 역시 달라져있었다. '언제든 내가 원하면 돌아갈 수 있다'는 생각이 '여기서 돌아가면 절대 안 된다'는 결심으로 바뀌었고, 타지에서의 생존이야말로 내가 마땅히 책임져야 할 부분이라는 사실을 정확히 인지했다. 이런 태도의 변화는 정확히 설명할 수 없는 차이를 만들었다. 굳이 표현해보자면 '현실에 대한 몰입도'가 높아졌다 하겠다. 항상 한국을 그리워하던 지난날들과 달리 지금 내가 서 있는 이곳에 충실하며 나의 현재를 풍성히 누릴 수 있게 되었다.

2. 학교와 학교 사이

　EABJM Lille에서 참 좋은 선생님들과 친구들을 많이 만났고 그곳에서의 모든 날들이 즐거웠다. 하지만 당시를 기준으로 학업과 입시 측면에서 경쟁력이 강한 학교는 아니었다. 대학 입시에 조금 더 도움이 될 수 있는 학교로 전학을 갈 것을 추천받았고, 나는 또 하나의 중대한 결정의 기로에 섰다. 단순하게 입시와 대학만 생각한다면 전학이 맞는 답이었으나, 선택은 생각보다 쉽지 않았다.

　당시 IB과정[3]을 한참 진행하고 있었다. IB는 대학 입시를 위

---

　3. International Baccalaureate (IB): 정식 명칭은 국제 학위이나 한국에서는 국제 수능으로 불리며, 고2-고3 2년 간 진행하는 교육 과정. 한국의 많은 외국인 학교 및 국제학교에서도 IB 과정을 진행.

한 중요한 과정이었고, 커리큘럼 안에서 진도나 교재, 순서 등은 교사의 재량에 맡겨졌다. 바꿔 말해, 기존 학교에서 다른 학교 IB과정 도중 전학을 가게 되면 진도가 꼬이고 배운 내용을 또 배우거나, 배워야 하는 내용을 학교에서 배우지 못하는 일도 발생할 수 있다.

또 2년 IB 과정의 끝에 치르는 시험뿐 아니라 수행 평가도 매우 중요하다. 전학을 가게 되면, 기존 학교에서 아직 진행하지 않은 수행 평가를 새 학교에서는 이미 끝냈을 경우 문제가 생길 수 있었다. 수행 평가는 학교 내에서 자체로 진행하기에 선생님들과의 관계도 중요하다는 점도 고려할 때 섣불리 전학을 선택할 수는 없는 노릇이었다.

더 현실적인 문제도 있었다. 기숙사 학교에서 생활하던 내가 파리에 있는 학교로 전학을 가기 위해서는 거주지와 보호자가 필요했다. 거기다가 기존 학교의 학비와 기숙사비 등을 포함한 것보다 전학 가려는 학교의 학비가 더 비쌌으니 재정적인 부담도 컸다. 이 모든 상황 앞에서 혼자 결정을 내리기는 매우 버거웠기에 부모님과 대화했다. 부모님은 "현실적으로 필요한 부분은 걱정 말아라"라고 하시며 학비, 집, 보호자 등 가장 힘들 수도 있는 변수들을 단숨에 제거해주셨다. 결국 남은 고민은 내가 노력으로 커버해야 할 진도와 학업의 이슈였다. 선생님들과 부모님, 또 이미 IB 과정을 거친 형과 깊은 상의를 하며 고민을 이어갔고, 결국 전학을 결정했다.

결정이 나자마자 부모님은 발 빠르게 움직이셨다. 나의 입시를 위해 파리에 집을 구해서 어머니가 1년 간 보호자로 오는 결정이 내려졌다. 정말 갑작스레 결정된 일이 현실이 되는 데는 2달도 걸리지 걸리지 않았다.

아들을 향한 이 같은 비합리적이고 무조건적인 사랑, 그것이 나를 향한 부모님의 일관된 태도였다. 나의 선택을 존중하고, 이에 대한 책임을 지는데 적극적으로 동참하셨다. 나는 그렇게 부모님의 전폭적 지원 아래 파리로 전학을 갔다.

| 파리의 추억

2005년 4월, 고등학교 2학년이자 IB과정 6학기 중 2학기를 마친 상황에서 파리에 있는 파리국제학교International School of Paris로 적을 옮겼다. 파리국제학교에는 기숙사가 없는 탓에 고3 수험생인 나의 뒷바라지하러 오신 어머니와 함께 지냈다.

그 당시를 떠올리면 어머니께서 항상 하시는 말씀이 있다. '넌 항상 학교 끝나고 집에 오면 2시간 자고 하루를 시작했다.' 그리고 그 잠을 자고 하루를 시작하는 패턴은 고3의 마지막 날까지 이어졌다. 그만큼 잠은 중요한 요소였고, 나에게는 특히 더 그랬다.

잠을 충분히 자고 최상의 컨디션을 만들지 않으면 공부를 할 수 없었다. 반대로 푹 자고 일어나 하는 공부는 효율에 있어 차원이 다름을 경험을 통해 배웠다. 스스로에 대해 질문을 던지고, 성찰하는 과정에서 배움을 얻어내는 과정이 이미 꽤나 익숙해진 시절이었기에, 다른 사람들이 맞다고 하는 공부의 방식이 나와는 맞지 않음을 인지하고서 과감히 할 수 있는 선택이었으리라.

 파리에 있던 시절은 가히 황금기라 말할 수 있을 만큼 그 나이 때의 남자아이라면 갖고 싶어 할 만한 거의 모든 걸 가졌던 시기였다. 모든 것이라는 말은 상당한 주관성을 띠지만, 엄마와 함께 생활하는 파리에서는 누구나 갈망하는 자유를 누리며 살았다. (아주 매우 지극히 개인적인 관점에서) 나름 괜찮은 외모와 작지 않은 키, 감사하게도 물려주신 좋은 머리와 그 덕분에 가진 수려한 말솜씨, 공부에 대한 동기부여가 더해져 얻은 좋은 성적, 그리고 결코 적지 않았던 인기와 많은 친구들. 거기에 공연에 밴드에 재밌는 건 못 참는 에너지와 호기심. 그리고 유학을 선택한 아들을 지원해줄 수 있는 마음과 재정을 가진 부모님까지. 아무런 이유가 없어도 자신을 꽤나 아끼던 아이는 특히 파리에서의 1년 남짓 시간 동안 스스로를 아낌없이 사랑해주었다.

 더할 나위 없이 가득 채워진 나의 삶, 그게 파리에서 내가 누린, 적어도 주관적으로 경험한 고등학교 시절의 모습이었다. 그렇기에 누군가가 소위 리즈 시절이라고 부르는 나의 전성기를 물어오면 나는 주저 없이 파리를 이야기한다.

그때의 나를 알던 친구들에게 당시의 나에 대해 물어본다면 자기애가 가득한, 거침없고 자유로운 한 소년의 모습을 떠올리지 싶다. 하고 싶은 건 하는, 하기 싫은 건 하지 않는 성격. 거대해진 자아로 오히려 다른 사람들을 배려하는 데 서툴기도 했고, 치기 어린 마음에 사람들의 눈초리를 받기도 했지만, 그 조차도 크게 신경 쓰지 않았다.

특히 고3, 거침이 없었던 청소년 시절의 정점에서 내가 하고 싶은 모든 걸 할 수 있었다. IB과정은 무려 3주 간 시험을 보게 된다. 어느 나라나 마찬가지로, 이 시험의 결과는 대학과 직결된다. 나의 첫 시험은 월요일이었는데, 하필 그 이틀 전 토요일에 공연을 하게 되었다. 이를 위해 약 한 달가량을 매일 같이 합숙하듯 연습을 했고, 주위 많은 이들은 우려와 걱정의 시선을 보냈지만 원하는 것이 있다면 하고 마는, 주변의 우려는 개의치 않는 고집쟁이였다. 실제 그 공연에서 내가 받은 감동은 무엇과도 바꿀 수 없는 소중한 감정이었고, 시험을 코앞에 두고도 그 공연에 참여한 것을 단 한 번도 후회하지 않았다.

| 나를 바꾼 수업

릴과 파리에서 학교를 다니며 참 좋은 선생님들을 많이 만날 수 있었다. 그리고, 선생님 개인 철학이든 유럽의 교육 문화이든, 좋은 수업들을 경험할 수 있었다. 그중 지금까지도 내 인생에 대하여 질문을 던질 수 있도록 해 준 한 가지 수업이 있다.

영어 시간이었다. 해가 바뀌고, 새로운 선생님이 오셨다. 키가 2미터에 가까운 거대한 아저씨의 손은 결코 작지 않았던 내 얼굴을 다 덮을 정도로 컸다. 달걀보다는 조금 더 길쭉한 얼굴형에 군인같이 짧게 자른 흰머리, 묘하게 어울리는 장난기 넘치는 미소를 머금은 유쾌한 선생님이었다. 그가 처음으로 내 준 과제는 "Dare to be different!"였다. 정확한 해석인지는 모르겠으나 내 머릿속에서는 "과감하게 다르기를 도전하라!" 정도로 읽혔다.

수업 시간에 학생들은 일주일 간 각자가 어떻게 평소와 다르게 생활을 할지 결정을 했고, 다음 주 수업까지 실제로 그대로 살아보고 오는 것이 숙제였다. "이 수업이 영어와 무슨 상관이 있나요?"라는 어느 학생의 물음에 그는 "끝나고 느낀 소감을 영어로 써보지, 뭐"라며 그게 뭐가 중요하냐는 듯한 표정을 지었다. 그렇게 우리의 다름을 향한 도전은 시작되었다.

여기서 말하는 다름이 아침에 일찍 일어나거나 자기 전에 30분은 책을 읽는 것과 같은 건설적인 습관이 아니었다. 더 나은 나를 만들기 위한 성장의 과정을 설계하는 건 더더욱 아니었다. 정말 그저 다름을 추구하는 일. 여장을 하고 다니는 남학생, 머리를 스포츠로 밀어버린 여학생, 일주일 내내 뒷걸음질 치며 걷던 친구까지. 각자의 방식대로 다름을 추구했다.

마치 영화 <죽은 시인의 사회>에서 걸음걸이 수업을 하는 키팅 선생처럼, 우리는 암묵적으로 정해진 규칙에서 벗어나 돼 명시된 학교의 규정을 지키는 선에서 과제를 수행했다. 일주일 간 경험을 나누는 수업은 온갖 사진과 영상, 그리고 웃음이 난무했다.

  그 수업은 내게 '다른 것도 괜찮아', '남들이 간다고 해서 꼭 그 길을 가야만 하는 건 아니야'라고 말해주었다. 이런 문장들은 큰 울림이 있었다. 수업 이후 한동안은 굳이 애써 모든 것에서 다르기 위해 노력하기도 했었고, 여전히 맹목적으로 주어진 방식을 따르기보다 나만의 방식을 찾을 수는 없는지 점검하곤 한다.

  다름에 대한 추구도 나름의 단계가 있었다. 처음에는 그저 다르고 싶었다. 다른 사람은 선택하지 않는 방식을 선택하고, 가끔은 멍청히 보이더라도 남과 닮은 것을 거부했다. 그러다 보니 문제가 생겼다. 때로는 내가 원하는 방향이 모두가 걷고 있는 방향과 같을 때도 있었기에, 원하는 길을 걸으면서도 다른 이들과 같은 나의 모습이 왠지 마음에 들지 않았다. 수업에서 다름을 다룬 목적이 단지 남과 다른 나의 모습을 인정하는 일을 가르치기 위함이 아니라, '달라도 괜찮은' 선택지를 나에게 부여하며 결국 내가 가장 나다울 수 있는 - 때론 다르고, 때론 같아도 좋은 - 모습을 찾아가는 여정을 가르치기 위함임을 깨달았다.

  이따금씩 학생들을 가르치거나 상담할 때 이야기한다. 같은 길을 간다 해도 그 길을 걷는 사람이 다르기 때문에 결국 전혀 다른 길을 걷는 게 될 수 있다고. 결국 중요한 것은 남과 다른 게 아니라, 내가 나답게 살아가는 일이라고.

| 보이는 것과 보이지 않는 것

 재미있는 일화가 있다. 자유롭고 거침없던 파리 시절, 반항기 가득하고 힙합 음악을 좋아하는, 간섭받기를 거부했던 나는 태어나 처음이자 마지막으로 머리를 샛노랗게 염색했다. 겉모습으로 사람을 판단하는 세상을 향한 치기 어린 외침 같은 것이었다. 학교에서는 원래 금발인 친구들도 많으니 염색을 해봐야 얼마 튀지도 않았지만 한국에서는 달랐다. XXXL 티셔츠에 40인치 힙합 바지를 입고 머리를 노랗게 염색한 모습은 영락없이 공부를 포기한 반항아처럼 보였을 것이다.
 해외에 거주하다가 귀국했을 때 많은 이들이 공통적으로 느끼는 게 있다. 바로 눈치. 해외에서는 한 번도 신경 쓴 적 없는 옷차림이나 모습을 자꾸 신경 쓰고 있는 나를 발견하게 된다. 방학을 맞아 한국에 와서 많은 사람들을 만날 때면 그들의 눈에 내가 어떻게 비치는지 바로 알 수 있었다. 바르고 열정 넘치지만 공부는 포기한 안타까운 친구. 대한민국 사회 속에 살아가는 사람으로서 갖는 어떤 편견을 벗어나기는 힘들었던 것 같다.

 대학에 합격한 후 고등학교를 졸업하고 한국에 들어온 여름 방학, 명문대학교 합격 소식이 퍼지자 별로 친하지도 않던 분들까지 나에게 와서 장하다며, 그럴 줄 알았다며 칭찬하시는 모습을 보며 많은 생각을 했다.

 어느 날은 친구와 둘이 대화를 나누는데, 한국은 3월 학기, 영국은 10월 학기이다 보니 나의 대학 입학 전 여름 방학에 그 친구는 이미 한국에서 명문대에 진학해 한 학기를 마친 상황이었다. 얼마나 들어가기 힘든 곳인지 알고, 만약 한국에 있었다면 가고 싶을 정도로 나름 로망이 있는 곳이라 친구가 자랑스럽게 털어놓는 학교 이야기를 재미있게 듣고 있는데, 갑자기 친구가 대뜸 물어왔다. "너는 대학은 갔어?"

 어느 대학을 갔냐고 묻지 않았다. 대학을 가기는 갔냐는 식의 문장과 어조로 질문을 던지고는 실수했다는 듯 아차 하며 민망한 표정을 지었다. 내가 해외에서 어떤 학교 생활을 하고 있는지 굳이 얘기하질 않으니, 나름 허물없이 지내던 그 친구도 겉모습을 보며 나의 성적과 입시 결과를 예측했었나 보다. 나는 민망하게 웃으며 해외 최고 명문대학교 입학 소식을 전했고, 친구는 "(말문이 막혀 아무 말도 하지 못한다)"라는 지문을 연기하는 어느 드라마의 배우처럼 '어, 어..'하고는 더 이상 말을 잇지 못했다.

 세상에 대한 반항심 가득한 힙합하는 아이는 위와 같은 일련의 과정을 통해 중요한 건 보이지 않는 것이라고, 보이는 것만으로 판단하는 사람들이 잘못이라고 생각했다. 그들에게 문제가 있다고 말이다. 하지만 살아가다 보니, 나 역시 크게 다르지 않음을 깨달았다. 보이는 것으로 사람을 판단하고 오해했다. 편견이라는 건 사실 사람이 가진 본능이며, 책의 내용이 아닌 표지를 보고 고르는 것이 어쩔 수 없는 사람의 모습이었다.

 삶을 더 살아내며, 편견을 갖지 않으려 노력하기보다, 나도 편견의 동물임을 인정하는 법을 배운다. 내가 가진 확신이 나의 편견으로부터 비롯된 것일 수 있다는 가능성을 언제나 염두에 두고자 한다. 편견과 선입견으로 사람이나 상황을 바라보는 건 본능이지만, "내가 가진 생각이 편견일 수 있다고 자각하는 건 인간의 지성이다. 편견으로 생겨난 하나의 생각이나 가정을 성찰하며 점검하는 일은 사람만이 가진 능력이기에, 더 좋은 사람이 되어가는 노력이라 할 수 있겠다.

| 실패해도 괜찮아

 어렸던 나의 10대의 이야기를 정리하며 마지막으로 꼭 하고 싶은 이야기가 있다. 이것은 10대뿐 아니라 20대, 그리고 나와 같은 30대들에게 하고 싶은 이야기이기도 하다.

 세상은 10대에게는 10대가 인생의 가장 중요한, 내 인생의 모든 걸 결정하는 시기라 말한다. 또 20대에게는 이제 성인이 되어 인생을 스스로 살아내야 하는 이 시간들이 너무나 중요하다고 말한다. 30대가 되면 10대라는 교육과 20대라는 준비과정을 거쳐 이제는 본격적인 인생의 시작이니, 매우 중요하다고 말한다. 40대가 되면 이 사회를 이끌어가는 중심축이자 사회적으로 큰 영향력을 갖는 중요한 시기라고 말할지도 모르겠다.

그렇다. 세상은 우리가 살아가는 매 순간이 인생에서 가장 중요한 순간이라고 말한다. 언뜻 보면 지금 주어진 하루에 대한 중요성을 강조하는 듯 들리지만, 사실 그 속에 숨은 의미는 다르다. '중요함'이라는 말을 대하는 사람들의 시선이 변질되면서 '한 번의 실수로도 완전히 실패자가 되어버릴 수 있다'는 식의 외줄 타기 인생으로 우리를 몰아버리는 것이다.

우리는 우리에게 주어진 이 순간, 이 시기의 소중함과 중요함을 다르게 이해할 필요가 있다.

모든 순간이 중요하다. 그 순간들에 담긴, 그리고 순간들이 모여 만든 다양한 경험들은 나의 가치관을 이루고, 나의 자아를 형성해준다. 그 경험들 속에는 노력과 성공의 경험만큼이나 실패의 경험도 가득해야 마땅하다. 개인적인 경험에 비추어봐도, 실패를 두려워했던 나의 10대 속 실패를 회피하며 놓쳤던 수많은 기회들에 대한 아쉬움과, 나를 무너뜨리기보다 더 단단하게 만들어주었던 20대 시절을 채운 숱한 실패의 경험이 이를 증명한다. 그 모든 시기와 세대 속에 실패해도 괜찮다. 아니, 오히려 중요한 시기이기에 실패해 보아야 한다.

잠깐의 실수, 한 번의 실패를 두려워하기 시작한 우리들은 '도전'을 두려워하기 시작했다. 주어진 것, 익숙한 것으로부터 벗어나기를 주저했다. 지금 하는 실수가, 내가 하게 될 방황이 나를 뒤쳐지게 만들고 결국 내 인생을 망칠 것이라는 세상이 만들어낸 두려움 때문에. 그렇게 아슬아슬한 외줄 타기를 하다가 필연적으로 경험할 수밖에 없는 실패를 맛볼 때, 딛고 일어서려 하기보다는 좌절하고 포기해버리는 인생들을 목격하기도 한다.

사람이 사는 데 있어 중요한 것 중 하나는 내가 내 인생을 이끌어가는 것이다. 어떤 사회적 통념이나 압박에 끌려 다니지 않고, 주위 사람들의 시선에 휘둘리지 않으며 내가 내 인생의 방향성을 잡고 가는 것이다. 요즘 둘러보면 맹목적인, 주입된 삶의 목표들을 가지고 사는 사람들이 참 많다. 그런 인생에서 벗어나 내가 진정 원하고 소망하는 무언가를 추구하며 살아가는 것이 사람의 사람다움일 것이다.

그리고 그런 인생을 위해서는 도전하고 실패하며, 그 실패를 살아낼 수 있어야 한다. 실패해도 괜찮다. 넘어져도 괜찮다. 모두가 열심히 달려갈 때 잠시 멈춰서도 괜찮다. 쉬어가도 괜찮다. 인생의 여정을 모두가 같은 속도로 걸어갈 필요도, 같은 방향으로 달려야 할 이유도 없다. 모두가 가는 그 길에서 한 걸음 벗어날 때, 때로는 조금 더 방황하며 주위를 둘러볼 때, 가끔은 넘어져 바닥에 주저앉아 달려가는 이들을 그저 구경

해야 할 때, 우리는 비로소 우리가 누구인지, 나에게 주어진 나만의 인생을 어떻게 살아가면 좋을지를 고민할 수 있다.

 20대 초반의, 한창 방황하고 실패하며 나의 자아를 발견하고 내가 가야 할 길을 고민해야 할 시간에 '나는 뚜렷한 목표가 없어'라거나, 자책 섞인 '앞으로 뭐하지'와 같은 질문으로 스스로 목을 조르는 모습을 볼 때 안타까움을 느낀다. 유재석, 이적 님의 노래 <말하는 대로>처럼 '내일 뭐하지' 걱정하기보다 '내일 뭘 할지' 꿈꾸는 방향으로 가도 좋다. 나이는 중요하지 않다. 아직 꿈이나 목표가 없다면, 뭘 해야 할지 모르겠다면, 계속해서 도전하고 실패하고 방황하며 그 속에서 내가 누구인지, 나는 어떤 길을 가야 하는지에 대해 배워가면 된다.

 도전하라. 두려워하지 말고 실패하라. 그리고 계속해서 그 실패를 살아내라. 그리고 또 방황하라. 때로 멈춰 서서 숨을 고르고 다시 도전하라. 그렇게 살다가 뒤를 돌아볼 때, 어쩌면 우리가 상상하는 것, 우리가 소망하는 것과 우리가 기대하는 것 이상의 아름다운 삶의 여정이 우리의 자취에 담겨 있을지 모를 일이니까.

Part 3
암흑기

The Dark Age

IV.
대학 입시

| 대학에 대한 고민

 2006년, 누구나 하게 되는 그 고민이 고3이 된 나에게도 찾아왔다. 대학. 나에게는 여러 측면에서 의미가 있는 관문이었다.
 먼저는 단순하게 대학은 내가 한 노력에 대한 인정이었다. 그리고 열심히 노력한 만큼 받고 싶은 보상이기도 했다. 하지만 결코 그것이 전부는 아니었다. 어릴 적부터 교육에 대한 꿈을 품고 있었기에 대학에 대해 조금 더 많은 고민을 했던 것 같다. 교육에 대한 가장 큰 불만 중 하나가 '의미도 알지 못한 채 대학을 가기 위해 자신을 바치며 치열하게 경쟁하는 분위기'였기 때문이다. 대학을 가지 않는 것이 하나의 외침이 될 수 있지 않을까 하는 생각을 했을 정도로 교육 시스템에 대한 환멸과 허무로 가득한 사춘기 소년에게 대학은 나와 내 친구들을 힘들게 하는 핵심 요소였으니까.
 대학을 갈지 여부에 대해 고민하던 시기에, 전혀 다른 주제로 대화를 하던 중 한 선배가 이런 말을 해주었다. "시스템을 바꾸려면, 먼저 그 시스템의 정점에 서야 한다." 간단히 말하면 회사에서 일도 안 하고 불만만 가득한 사람이 회사의 복지에 불만을 가지는 것과 모든 일을 가장 빠르고 정확하게 처리하고 인정을 받아 초고속 승진을 한 사람이 리더의 자리에 서서 회사의 복지에 대한 불만을 이야기하는 것은 전혀 다른 차원이라는 말이었다.

그 말을 듣는 나는 교육을 떠올렸다. 교육에서 정점에 선다는 것은 무엇일까? 교육을 말하는 사람이 영향력을 가지려면 무엇이 필요할까? 그것이 교육학 박사 학위일 수도, 교육부 장관 같은 높은 직위일 수도 있겠다는 생각들 사이, 일단은 그 모든 교육이 목표하는 바, 교육을 통해 얻고자 하는 결과물을 손에 쥐는 것이라고 생각했다. 다시 말해, 좋은 대학에 가고 싶어 하는 학생들과 자신의 아이를 좋은 대학에 보내고 싶은 학부모들에게 목소리를 낼 수 있는 첫 단계를 그들이 꿈꾸는 좋은 대학교 타이틀로 여긴 것이다. 좋은 대학에 가면 반대로 '좋은 대학에 가지 않아도 괜찮아'라고 말할 수 있을 것 같았고, 목표가 분명해진 후에는 더 이상 대학의 의미에 대해 고민하지 않았다.

그 이전까지는 대학을 간다면 미국으로 가고 싶다고 생각했다. 하지만 전학을 가는 과정에서 커리큘럼이 꼬이는 등 여러 상황 상 미국 대학에 필수인 SAT를 따로 준비할 시간이 여의

치 않았고, 나는 과감히 미국 대학을 포기했다.

과감한 포기. 이것은 나에게 자연스러운 선택이었다. 앞서 프랑스에서 교육을 받으며 배운 프랑스의 사고방식이 나의 장점이자 단점이라고 했는데, 바로 이런 점이 단점으로 보일 수 있는 부분이 아닐까 싶다.

한국 친구들이 가지는 꾸준함과 성실함, 불가능해 보이는 것을 끈기로 뚫어내는 능력을 갖추지 못한 나는 그저 내가 하고 싶은 것을 어떻게 최소한의 노력으로 해낼 수 있을지 고민하는 편이고, 그렇기에 치열한 경쟁도 별로 좋아하지 않는다. 내가 할 수 있는 노력을 넘어서는 무엇에 대해서는 포기도 쉽게 하는 편이라는 것을 끈기와 성실함으로 세상을 살아가는 친구들을 보며 배웠다.

나는 지금도 경쟁을 싫어한다. 경쟁은 많은 경우 내가 할 수 있는 것 이상을 요구한다. 계속 서로를 몰아붙이며 결국 부담이 된다. 또 경쟁은 결국 모든 사람을 불행하게 만든다고 생각했다. 경쟁에 진 사람은 스스로를 패배자라고 여기며 좌절하고, 경쟁에 이긴 사람은 곧 다가올 다음 경쟁에서 지지 않기 위해 곱절의 부담을 느낀다. 건강한 경쟁은 좋은 자극제가 될 수 있지만, 보통 경쟁이 건강한 정도를 유지하기란 쉽지 않음은 우리 모두가 알고 있다.

전학, 경쟁 회피 등 다양한 이유(혹은 평계)로 미국 대학으로의 진학을 포기하고 영국으로 눈을 돌렸다. 마침 파리국제학교의 한국인 선배가 옥스퍼드 대학교 수학과를 갔다는 이야기를 듣고는 나도 옥스퍼드 대학교에 가야겠다고 마음먹었다.

 여러 옵션의 포기 끝에 고른 선택지라고 해서 쉬운 길은 결코 아니었다. 매우 어렵고, 운도 따라야 하는 과정이었다. 단지 경쟁이라는 구조 안에서 내가 할 수 있는 것 이상을 무리해서 해내는 노력은 하지 않기로 선택했다는 이야기이다. 한편으로는 게으름처럼 보일 수 있고, 누군가는 그런 마음가짐 자체가 최선을 다하지 않은 것이라 치부할 수 있지만, 나에게는 나의 중심을 지키는 나름의 방법이었다. 물론 시간이 지날수록, 더 높이 올라갈수록, 나를 향한 세상의 압박 속에 나도 모르게 치열하게 내가 할 수 있는 것 이상으로 무리하게 달리는 나의 모습을 보게 되었지만 말이다.

 초등학교 5학년부터 수학과를 가고 싶어 하고, 중학교 3학년부터 대한민국 교육을 바꾸겠다는 당찬 포부를 밝힌 나는 목표로 하는 대학까지 정해지자 나름의 계획을 세웠다. 옥스퍼드 대학교 수학과에 입학하여 석박사까지 공부를 빠른 시간 안에 마치고 - 영국은 학사 3년, 석사 1년으로 빠르면 20대 후반의 나이에 박사 취득도 가능하다 - 한국에 들어와 영향력 있는 대학의 수학과 교수가 되어 한국 중고등학교 수학 커리큘럼을 개편하면 좋겠다고 생각했다. 내가 좋아하는 수학은 사고력과 논리력을 가지고 마치 게임을 하듯 풀어내는 과목이었고, 국가를 막론하고 다소 암기과목화 되어 수학적 개념과 논리를 정확히 이해하지 못한 채 문제 푸는 기술에 집중하는 수업이 안타까웠다. 거기다 내가 제일 잘하는 게 수학이었기에, 나라면 바꿀 수 있지 않을까 하는 꿈을 꾸었다. 물론 내가 수학을 잘한다는, 약간의 천재성마저 가지고 있지 않을까 하는 생각은 대학 입학 후 첫 학기가 채 끝나기도 전에 무너져 내리고 말았지만.

| 시작부터 망해버린

옥스퍼드의 면접은 아주 특별하다. 실제 학생들이 사용하는 학교 기숙사에서 3박 4일을 보내며, 적게는 2-3번, 많게는 7번 까지도 면접을 진행한다. 나의 경우는 수학과 면접 1번, 컴퓨터공학과 면접 1번, 그리고 세컨드 칼리지[4]에서 한번, 총 3번의 면접을 봤다.

영국 밖에서 공부한 나와 같은 학생에게 기숙사에서 생활하는 경험 자체가 영국의 문화나 학교를 체험해볼 수 있는 좋은 기회였고, 그저 나를 받아 주기를 바라는 간절함이 아닌 이 학교가 나에게 맞는 곳인지 지원자 입장에서도 확인하는 시간이었다. 개인적으로는 꼭 이 학교에 오고 싶다는 또 하나의 강한 동기가 되기도 했다.

---

4. 옥스퍼드는 40여 개의 컬리지의 집합이고 하나의 컬리지를 정해 지원하게 된다. 면접을 보러 가면 학교에서 2순위 컬리지(Second College)를 지정해준다. 아마 한 컬리지에 뛰어난 학생들이 몰릴 경우를 대비한 게 아닐까 싶다.

학교 기숙사는 아주 오래된 건물이었지만 내부는 생각보다 깔끔했고, 해리포터에 나올 법한 식당은 있지도 않던 학교 생활의 로망을 만들어 주기도 했다. 물론, 입학 후에는 슬리퍼를 질질 끌며 반쯤 감긴 눈으로 아침을 급히 먹고 나오는 곳이 되었지만. 면접을 보는 공간도 각각 달랐는데, 하나같이 참 아늑하고 학구적인 서재의 분위기였고, 실제 교수들이 사용하는 서재로 입학 후에는 그 공간에서 수업을 들었다.

학교에 도착하면 본격적으로 면접을 보기 전에 수학 시험을 하나 보는데, 나는 이 시험을 아주 깔끔하게 망쳤다. 시험 결과만 봐도 이미 떨어졌다고 생각하니, 오히려 면접에 대한 마음이 편해졌다. 그저 이 유명한 학교에서 저명한 교수들과 면접을 보는 경험 자체가 경이로워 그 상황을 충분히 즐기다 가기로 마음먹었다. 지나서 얘기지만, 그런 생각으로 긴장하지 않고 면접을 봤던 게 되려 큰 도움이 됐다.

옥스퍼드 대학교는 '튜토리얼 시스템'을 운영한다. 말하자면 교수와 소그룹으로 진행되는 수업으로, 1:1이나 1:2, 많으면 4~6명 정도의 그룹 세션으로 진행되는 튜토리얼이야말로 옥스퍼드 교육의 핵심이었다. 입학을 하고 나서야 교수들이 실제 자신의 수업 공간에서 실제 튜토리얼과 같은 환경을 만들어 질문을 주고받으며 '내가 튜토리얼에서 가르치고 싶은 학생'을 뽑는다는 사실을 깨달았다.

그렇기에 옥스퍼드의 면접은 일반적인 학교나 기업의 면접과 성격이 조금 달랐다. 모든 면접은 내가 입학하면 나를 가르칠 교수들이 직접 진행했고 기본적인 수학 지식이나 능력도 보지만 새로운 지식과 개념에 어떻게 접근하는지 평가한다는 느낌이 더 컸다. 고등학교에서는 볼 수 없던 낯선 질문을 내주고는 그 질문에 어떻게 접근하고 풀어나가는지를 흥미롭게 관찰했고, 정답을 맞히는 건 그다음 문제였다. 오히려 정답을 맞힐 때보다, 틀렸을 때 어떻게 다른 방향으로 생각을 전환하고 확장해가는지에 더 흥미를 보이는 듯했다.

이미 시험을 망치고 편한 마음으로 면접에 임했기에, 문제를 풀다 막히거나 도저히 모르겠을 때 편하게 질문을 던지기도 했는데, 오히려 모의 튜토리얼이라는 관점에서 좋은 이미지를 남기지 않았을까 싶다. 면접이라면 감히 그러기 힘들겠지만, 수업이라고 생각하면 교수에게 질문할 줄 아는 학생만큼 가르치고 싶은 이가 없을 것이므로.

그 결과, 파리로 돌아온 지 2주가 지난 어느 날 면접 통과 및 조건부 합격을 통지 이메일을 받았다. 조건부 합격은 말 그대로 어떤 조건을 충족시키면 자동으로 입학이 허가된다는 의미이며, 대부분의 경우 시험 점수를 조건으로 건다. 12월에 면접을 보고 난 후 다음 해 5월 IB 시험을 치렀고, 시험 결과가 나온 7월, 학교에서 제시한 조건을 모두 충족시키며 옥스퍼드 대학교 입학을 최종 확정 지을 수 있었다.

| 대학의 의미

대학을 졸업하고 사회생활을 하다 보면, 그리고 치열했던 대학생활을 돌아보면서 대학교라는 구조에 대해 보다 진지한 고민이 필요함을 느낀다. 언제부턴가 대학은 당연히 가야 하는 곳이 되어있었고, 어떤 대학을 가고 싶은가 보다는 어떤 대학을 갈 수 있는가에 초점을 맞추기 시작했다. 그리고 그렇게 내가 갈 수 있는 대학의 이름으로 나의 등급이 매겨지고 가치가 결정되는 듯이 이에 집착한다. 그래서 어떻게 하면 내가 가진 실력보다 높은 대학을 갈 수 있을지를 고민하고, 이를 위해 온갖 편법이나 불법까지도 불사할 것만 같은 모습이 지금 대학을 보는 시선이다.

나 역시 그런 가치관에서 자유롭지 못했고 이를 당연하게 여겼다. 그것이 내가 속한 문화였으니까. 그런데 프랑스에서는 묘하게 다른 느낌을 받았다. 일단 대학을 가기 위한 조건 자체가 한국처럼 까다롭고 경쟁적이지 않다. 바칼로레아 시험에서 20점 만점에 평균 10점을 넘으면 대학에 진학할 수 있는 구조로 되어 있고, 이 10점은 한국 학생들이 하는 노력의 반만 해도 충분히 받을 수 있는 점수였다. 말하자면 '더 깊게 공부해보고 싶은 사람들이라면 마땅히 공부의 기회를 주는' 느낌이다. 물론, 대학을 졸업하는 것이 훨씬 어렵고 힘든 과정이다. 이런 시스템은 대학이 필수가 아닌 선택이라는 인식마저 주게 된다. 대학을 가고 싶지 않다면 굳이 대학을 가야 한다는 압박을 받지 않는 문화 속에 살고 있다는 것이다.

대학을 꼭 가야 하는 것일까? 이제는 4년제 대학을 졸업한 이들 중 실업자가 수십만 명이 된다고 한다. 학력 인플레이션. 대학 졸업장을 가진 이들은 넘쳐나고, 갈 수 있는 자리는 한정되다 보니 어쩔 수 없는 결과겠지만, 대학만 가면 모든 게 잘 풀릴 거라 착각했던 이들에게 대학에 가서 더 치열한 경쟁을 치러야 한다는 사실은 어쩌면 절망적일 수 있겠다. 만약 대학이 더 이상 우리의 미래를 보장해주지 않는다면? 우리는 대학의 의미에 대해 다시 한번 고민해볼 필요가 있다.

한국 사회에서 학력은 응당 나의 능력과 성실함을 증명하는, 어쩌면 나에 대해 긍정적 편견까지 갖게 해주는 좋은 도구이다. 그리고 사회에 진출하고 취업을 하는 데 있어서 가장 유용한 도구이기도 하다. 그렇기에 대학을 가는 것이 여러모로 미래를 개척해가는데 큰 도움이 되리라는 사실은 부정할 수 없다. 대학을 갈 필요가 전혀 없으니 다른 길을 모색하라는 것이 아니라, 대학을 갈 거라면 '주위에서 가라고 하니까' 이상의 분명한 목적성이 필요하지 않을까 하는 의견이다.

힘들었던 중고등학교 6년에 대한 해방과 자유의 의미 이상으로, 대학을 통해 무엇을 배우고 얻으며, 경험하고 성장할지를 고민하는 과정이 필요함을 느낀다. 다양한 경험을 하고 자유롭게 방황하며 다양한 경험을 해보는 곳이 대학이라고 생각하기에, 오히려 여러 갈래, 여러 분야의 경험을 쌓는 것이 하나의 방향성이 될 수도 있을 것이다.

 대학을 왜 가는가? 모든 교육이 그렇듯 본질은 우리가 더 나은 사람으로 성장하고 변화하기 위함이다. 더 나은 사람이 토익 900점짜리 성적표를 받아 놓고 여러 자격증을 따는 것에만 국한되지 않을 것이다. 누구도 알아주지 않을 봉사의 경험, 더 넓은 세상을 경험하고 싶어 떠난 유럽 배낭여행, 내 진로와 전혀 상관없는 연극이나 아카펠라 동아리 활동 따위가 오히려 우리의 성장에 도움을 주곤 한다. 외국에서는 철학이나 고전을 전공한 이들이 취업이 잘 된다고 하는 반면 한국에서는 철학과들이 문을 닫는 한다. 이처럼 한국에서는 기록에 남고 이력이 되지 않는 것들을 '쓸데없다'고 말하지만, 이 쓸데없는 것들이 사람의 존재적인 성장으로 이어진다는 것을 나는 믿는다. 그렇기에 드라마 <미스터 션샤인>의 대사처럼, 나 역시 "무용한 것들을 좋아한다".

 내가 누구인가에 대해 고민하는 것, 나는 어떤 사람이 되고 싶은가를 꿈꾸는 것, 나의 진로나 취업과는 전혀 상관없는 경험들로 세상을 바라보는 시야를 넓히는 것. 이는 꼭 대학의 문제가 아닐 것이다. 앞으로 직장을 선택하는 데 있어서, 또 미래를 결정하고 개척해 나가는 데 있어서도 나에게 맞는 정답을 찾기 위한 경험과 도전은 계속될 것이다.

V.
악순환

| 키블 칼리지

처음 학교에 도착하면 정문 바로 옆에 오래된 호텔의 로비처럼 생긴 경비실Porter's Lodge로 들어가 관리인Porter[5]에게 열쇠를 받는다. 작은 성 안으로 들어가는 듯한 웅장한 입구로 들어서면 넓고 트인 공간을 둘러싼 빨간 벽돌의 건물과, 그 안쪽으로 잘 관리된 잔디밭이 모습을 드러낸다. 신입생들을 안내하기 위해 자원한 선배들은 학교 생활에 필요한 정보가 담긴 팸플릿을 나눠주며 방으로 안내한다. 면접을 보러 갔을 때와 같은 건물, 같은 방구조. 칼리지 내 가장 최신식 건물로 창이 통유리로 되어 있어 시원한 개방감을 주었다. 아마 전공을 배려해서 방을 배치했는지, 내가 사는 라인에는 대부분 수학과 친구들이 있었다. 이것이 옥스퍼드의 40개 컬리지 중 내

---

5. 문지기, 관리인 등으로 해석되며 학교 생활 전반에 필요한 부분을 도와주는 고마운 분

가 졸업한 키블 컬리지의 첫인상이다.

안락한 기숙사와 해리 포터를 닮은 기다란 식당, 오래된 비밀이 담긴 고서들이 진열되어 있을 것 같은 작지만 멋진 도서관. "키블 칼리지는 모든 면에서 내가 기대한 것 이상으로 멋진 곳이었다."

여담이지만, 키블 칼리지 채플에 가면 한쪽에 작은 방이 있는데, 그 방 안에 들어가면 "세상의 빛(The Light of the World)"라는 예수의 그림이 있다. 상당히 유명한 그림이라고 하고, 그 그림에서 예수가 들고 있는 등불은 영롱하면서도 묘한 빛을 내는데, 그 빛을 보고 있으면 왠지 마음이 편해지는 느낌이 든다. 실제로 그림을 기증한 이의 유일한 조건은 '이 그림을 보고 싶은 사람은 누구라도 무료로 볼 수 있게 할 것'이었다고 한다. 컬리지마다 입장료를 받거나 관광객 출입을 막는 경우도 있지만, 키블 컬리지는 그 그림으로 인해 관광객은 누구나 무료로 입장할 수 있다.

옥스퍼드의 달력은 주week로 카운트된다. 학기마다 고유의 이름[6]이 있고, 그 학기의 몇 째 주인지로 소통한다. 예를 들어, 과제를 내줄 때는 '2학기 첫째 주 금요일 Hilary Term, 1st week Friday까지 제출하시오'와 같이 안내한다.

---

6. 첫 학기(10~12월)는 Michaelmas Term, 두 번째 학기(1~3월)는 Hilary Term, 세 번째 학기 (4~5월)는 Trinity Term으로 지칭한다. 옥스퍼드는 한 학기가 8주로 이루어져 있으며 학기 사이 방학은 6주이다 (여름 방학은 매우 길다).

내가 학교에 도착한 것은 첫 학기의 0th week 월요일이었다. 0th week은 말하자면 학기가 시작하기 전 주, 학기를 준비하는 기간이다. 이번 학기 어떤 수업을 듣고 누구와 튜토리얼을 어디에서 할 것인지 등을 전달하기도 하고, 지난 학기에 배운 내용에 대한 확인 및 평가를 하기도 한다.

신입생의 입학 첫 학기의 0th week는 신입생 주간Fresher's week이라고 부르는데, 딱히 준비할 게 없는 이 시기는 축제 분위기에 가깝다. 신입생들을 환영하는 다양한 행사와 이벤트가 진행된다. 또 이틀 동안 엄청 넓은 공간에 학교 내 모든 클럽/동아리들이 모여 신입생과 재학생들에게 홍보를 하는 박람회Fresher's Fair가 열린다. 옥스퍼드 대학교는 교양 과목이라는 개념이 없어서 전공 수업만 듣게 되는데, 교양은 클럽과 동아리를 통해 쌓으라고 말하는 듯 토론 동아리와 온갖 스포츠부터 발명, 마술, 논리 퍼즐 동아리까지 없는 게 없어 보였다.

| 천국 같은 지옥

힘든 과정들을 거쳐 들어간 대학이었고, 학교의 첫인상과 경험들이 즐거웠기에 학교 생활 역시 천국일 거라고 기대했으나 현실은 오히려 지옥에 가까웠다.

옥스퍼드 대학교는 학기가 짧다. 부러워하는 친구들도 많지만 사실 그만큼 학기가 밀도 있게 흘러간다는 의미이기도 해서, 무지막지하게 빠른 진도와 과제량으로 한 주 한 주가 정말 길게 느껴진다.

옥스퍼드에 유명한 고유명사 중 '5th week Blues'라는 말이 있는데, 한 학기 중 반이 지나는 5주 차가 되면 '아직 반 밖에 오지 않았구나'하는 허무함으로 인해 몰려오는 우울감을 말한다. (혹 옥스퍼드로 여행을 간다면 G&D's라는 아이스크림 가게에 가서 Oxford Blues라는 아이스크림을 먹어볼 것을 추천한다. 그 아이스크림이 수만 옥스퍼드 학생들이 5주 차의 우울함을 극복하기 위해 찾는 일탈 중 하나이니까.)

보통 한국 사람이라면 대학 생활에 대해 갖게 되는 로망이 있지 싶다. 나 역시 그랬다. 더욱이 세계 최고의 대학이라 불리는 곳에 입학했으니 내가 누릴 자유와 청춘에 대해 한참 들뜬 마음이 가득했으리라. 하지만 내가 상상했던 자유롭고 낭만적인 학교 생활은 찾아보기 힘들 만큼 바쁘고 정신없고 스트레스가 많은 날들이 이어졌다.

첫 학기의 1주 차가 되어 수업에 들어갔는데, 고등학교와는 당연히 비교도 안 될 정도로 빠른 속도로 진도를 나갔다. 쓸모없는 대학에 대한 로망으로 학기가 시작하기 전부터 만난 친구들과 놀 생각으로 가득했던 나는 수업에 집중할 수 있을 리 없었고 딱 한 주 만에 뭔가 크게 잘못되고 있음을 깨달았다.

이미 수업의 진도는 흐를 만큼 흘렀고, 나는 무엇도 이해하지 못했고, 내야 하는 과제는 외계어로 보였으며, 내가 수학이라고 생각했던 건 조금 복잡한 산수 정도였음을 느끼고 좌절했다. 그렇게 한 주를 흘려보내고 2주 차부터는 열심히 들어보려 했지만, 1주 차의 내용을 이해하지 못한 채 다음 내용에 집중을 해봐야 소용이 없었다. 결국 학기가 끝나갈 때쯤에는 1시간의 수업을 이해하기 위해 7-8시간 이상의 복습과 해독이 필요했고, 길을 잃은 나는 Oxford Blues 아이스크림을 격일로 먹으며 나의 첫 학기를 달래야 했다.

로망이 클수록 절망도 컸을까? 첫 학년의 첫 학기는 정말 끝이 보이지 않는 터널 같이 어둠에서 어둠으로 이어졌다. 아니라고는 했지만 은연중에 대학을 하나의 골인 지점이라고 생각한 나의 판단이 완벽한 착각이자 오해였음을 알게 됐다. 항상 습관처럼 '다시 처음부터 학교를 다니면 정말 잘할 수 있을 것 같은데'라는 말을 하곤 했는데, 그만큼 옥스퍼드에서의 1주 차는 중요했고 첫 주를 놓치자 첫 학기를, 첫 학기를 놓치자 첫 학년을, 그렇게 꿈꾸던 낭만을 쫓기도 전에 대학 생활 전체를 지옥으로 몰고 갈 수밖에 없었다. 아니, 어쩌면 내 능력으로는 해낼 수 없을 것 같은 어려움 앞에 그렇게 도망치려 했던 것은 아닐까 하는 생각도 해본다.

모든 학생들이 이런 과정을 겪는 것은 아니다. 오히려 나 같은 케이스는 소수일지도 모른다. 하지만 대학에 대한 마음의 준비가 전혀 없이 그저 즐거운 낭만을 상상하는 나 같은 친구들이 생각보다 많음에 걱정이 앞서기도 한다.

교육자로서 대학 입시를 고민하는 중고등학생들을 많이 만나다 보면 내가 그랬던 것처럼 대학을 맹목적인, 또 궁극적인 목적으로 삼는 친구들을 많이 본다. 마치 좋은 대학에만 들어가면 인생이 다 잘 풀릴 것으로 여기고, 아니 입학하는 순간 모든 것이 이미 완성되는 것처럼 여기고 오직 그것을 위해서만 공부하는 친구들을 본다. 좋은 대학에 들어가는 것이 하나의 멋진 성취이기는 하나, 그것이 어떤 종류의 결론이라고 생각한다면 큰 오산이다. 반대로 적절히 균형을 잡는다면 누구보다 멋지고 낭만적인 대학 생활을 할 수 있으리라 확신한다. 그러지 못했던 나의 지옥 같았던 대학 생활은 성적이나 결과에 상관없이 성공적이지 못했음을 인정해야 했다.

| 명문대학생

학생들이 정말 단순하지만 잊고 사는 것 중 하나는 대학에 가서도 공부는 계속된다는 것이다. 어쩌면 고등학교에서보다 더 심도 있게, 그리고 치열하게 공부를 해야 마땅한 것이 대학일지도 모른다. 시험을 위한 공부를 하는 친구들을 보면 기가 막히게 방대한 양을 기억해 내지만, 시험이 끝나고 한 주만 지나도 반 이상을 잊어버리는 모습들을 보게 된다. 그런 공부의 방식을 중학교부터 고등학교 3학년까지 이어가는 것도 신기한 기적처럼 보이지만, 혹 그렇게 좋은 성적으로 입시에 성공했다고 해도 그렇게 열심히 쌓은 지식과 학문을 더 갈

고닦아 대학에서 활용할 수 있을지는 의문이다.

 특히 명문이라 불리는 대학의 이름이 주는 무게가 있다. 좋은 대학에 다닌다는 걸 알게 됐을 때 사람들이 자연스럽게 갖게 되는 기대치가 있다. 그 기대치는 때로 내가 해낼 수 있는 것을 넘어서기도 한다. 안타깝게도 그 기대치를 만족시키지 못하면 내가 대학에 입학을 하기 위해 했던 노력들까지 부정당하는 것처럼 여기는 친구들을 더러 봤고, 나 역시 그런 생각을 가질 때가 있었다. 그런 부담감은 정신적인 어려움으로 이어지기도 한다.

 명문대학교는 그 자체로도 하나의 멋진 성공이지만, 그 성공을 이뤘을 때 나에게 요구되는 더 큰 노력과 열심이 있다. 학교를 다니며 친구들이 감당해내는 공부의 양을 보면 경악을 금치 못한다. 어느 후배와 밥을 먹으며 대화를 하는데 매주 적어도 10권 이상의 전공 서적을 읽고 에세이를 쓴 다음, 그에 대한 토론을 준비한다는 말을 듣고 깜짝 놀랐던 기억이 있다. 심지어 가끔은 읽은 책 중 한 권의 저자가 내 교수인 경우도 있다고 하니 그냥 허투루 벼락치기해서 준비할 수 있는 과제도, 수업도 아닌 것이다.

 2006년에 나와 같이 입학한 어느 영국인 친구가 있었다. 그 친구는 항상 인생을 즐기는 듯 보였고, 옥스퍼드에 온 것만으로 만족한다는 식의 반응이었다. 대충 베껴서 내는 과제와 놀러 다니는 이야기들 속에서 저래도 될까 싶었던 친구는 결국 1학년 말 시험에 낙제하고 학교를 떠났다.

 학교의 이름은 세상에 나아가 무언가를 할 때에 도움을 주는 좋은 도구 중 하나이다. 좋은 대학, 좋은 직장과 같은 타이틀에 필연적으로 따라오는 사회적 영향력, 그것은 내가 홀로 누리며 갑질하고 살 수 있는 특권이 아닌 책임감 있게 휘둘러야 할 하나의 날 선 검이며, 그것이 영향력을 갖는 자가 마땅히 가져야 할 책임감이다.
 그저 성공만을 쫓아 명문대를 지나 사회로 나아간다면, 매우 뛰어나지만 나 밖에 모르는 거만한 엘리트가 돼 버리고 말 것이다. 요즘 여러 분야에서 갑질 논란이 화두가 되고 있는데, 이런 갑질은 내가 가진 돈이나 명예, 인맥이나 학벌 따위를 맘껏 휘둘러도 좋은 특권이라 착각해서 벌어진다. 무언가를 가진 사람은 응당 그것에 따르는 책임을 생각해야 한다. 좋은 대학에 간다고 좋은 사람이 되는 것은 아니다. 큰 이름을 갖고 싶다면, 그에 걸맞은 사람이 되는 것 또한 중요하다.
 그렇기에 우리는 무기를 쥐고 다루는 법을 배워야 한다. 그리고 그 무기로 누구를 공격하고 어디를 찌를지를 마땅히 고민해야 한다. 대학과 전공을 바탕으로 앞으로 어떤 인생을 살고 싶은지에 대한 보다 깊게 고민하며, 필요하다면 과감히 버릴 수도 있어야 한다.

옥스퍼드라는 이름 덕분에 소위 명문이라 불리는 사립 고등학교 학생들을 만나 과외를 할 기회가 있었다. 나의 모든 과외가 그렇듯 첫 수업은 공부를 하는 이유와 어떤 꿈을 꾸는지에 대한 질문으로 시작을 하는데, 안타깝게도 내가 만난 명문 고등학생들의 꿈은 되려 비슷하게 닮아 있었다.

그들의 꿈은 '전공 상관없이 좋은 대학교에 진학해 유명한 외국계 투자 은행 혹은 컨설팅 회사에 들어가는 것, 높은 연봉을 받으며 열심히 모으는 것, 빠른 은퇴 후에 좋은 집 좋은 차와 함께 즐거운 노후(?)를 즐기는 것' 정도로 요약된다. 비슷한 대화를 여러 번 반복하며 소위 엘리트 코스를 걷는다는 아이들의 꿈이 그런 모습이라는 게 슬펐다.

또 한 가지, 개인적인 경험에서 정말 중요하다 생각되는 것은 사람들의 시선에 흔들리지 않는 중심을 잡는 일이다. 앞서 말했듯 사람들은 내 인생에 대해 기대를 하고, 그들의 기대에 마음을 배팅한다. 그리고 그 기대는 내가 이름 있는 대학에 갈수록 자연스레 더 커진다. 굳이 말하지 않아도, 사람들의 눈빛에서조차 느낄 수 있을 만큼 명문대학교라는 이름은 강력한 동시에 부담스럽다.

그 기대에 내가 부합할 때면 기쁨을 돌려받고, 그 기대치에 미치지 못할 때 사람들은 실망한다. 내 삶의 매 단계마다 계속되는 사람들의 마음 배팅에서 그들이 잃는 것은 사실 크게 없다. 잠시의 기쁨이나 잠시의 실망, 그뿐이다. 그 속에서 무너지고 깎여진 나만 남아있을 뿐이다. 다듬어지는 것이라면 견뎌내리라. 하나 그들의 나를 향한 시선은 내가 나를 소중히 여길 수 있는 여지를 죽여가는 날카로운 칼날일 뿐이다.

신이 나를 특별히 아껴서 남들보다 많은 능력을 주었을 지 모른다. 그 덕에 언제나 사람들의 기대에 부합하거나 그 이상을 해낼 수 있었다. 그럴 때마다 내게 기대를, 마음을 걸었던 이들에 대한 심리적 이자를 돌려줄 수 있음에 좋았다. 하지만 동시에 내 마음은 깎여지고 있었다. 분명 나는 스스로를 아끼고 사랑하는 사람이었는데, 대학을 다니던 어느 시점부터 점점 나로서 살기보다는 그들의 기대를 만족시키는 데에 더 초점을 두고 있었다.

사람마다 그 시기가 다르겠지만, 누구든 어느 순간에는 한계를 마주하게 된다. 아, '더 이상은 내가 그 기대에 부흥할 수 없겠구나' 하는 순간이 온다. 차라리 그 순간이 어린 시절의 언젠가였으면 좋았을 것을. 이미 그들의 기대와 인정에 부응하며 한껏 높이 떠오른 자아는 그 한계를 부정하고 싶어지고 만다. 이건 노력으로도, 최선으로도 극복될 수 없는 말 그대로의 한계이며, 이제 나를 향한 기대의 시선들에 내가 안겨줄 수 있는 것은 실망뿐이다. "그렇다. 이것은 비단 대학에만 해당되는 이야기가 아니다."

이러한 고민들이 없이 학교에 던져졌던 나는 자연스레 방황하게 되었다. 나의 목소리에 귀를 기울이는 법을 잊고 살았다. 내가 원하는 것에 대한 고민은 사실 내가 원하는 것과 그들이 만족할 수 있는 것 사이의 타협점을 찾는 과정이었을 뿐, 나의 작게 울리는 목소리에 온전히 집중하는 시간이 사라져 버렸다. 그렇게 조금씩 나의 목소리를 잃어갔다. 아마 내 속에서 열심히 외치고 있었을 테지만, 음소거 버튼을 눌러 놓은 마이크처럼 어떤 소리도 들리지 않았다.

 마음의 여유가 사라진 나는 중심을 잃었고, 정신을 차려보니 어느새 세상에 끌려가고 있었다. 사회적인 압박과 무언의 기대, 그리고 학교의 문화와 같은 것들에 이리저리 끌려 다니며 나에게는 맞지 않는, 세상이 말하는 성공이라는 옷을 입기 위해 노력했다. 진로에 대한 스트레스는 갈수록 커져갔고 나의 성향이나 관심사와는 전혀 다른 취업의 기회를 만들려 노력했다. 그렇게 내가 결코 이룰 수 없는 무언가를 은연중에 강요받고, 어떻게든 그것을 이루기 위해 매일 나를 죽여가고 있었다.

| 악순환

 이제 막 20살이 된 어리고 철없는 아이는 그렇게 산산조각이 났다. 학업에 대한 스트레스에서 벗어나 무너진 멘탈을 추스르기 위해, 아니 정확히는 잠시나마 현실을 잊기 위해 여느 대학생들처럼 술을 마시고 친구들과 놀러 다니곤 했다.
 나는 술을 참 좋아하는 사람이었다. 정확히는 술을 즐긴다기

보다는 좋은 사람들과의 술자리를 즐기는 부류였다. 하지만 옥스퍼드에서 내가 마신 술은 즐기기 위함은 아니었다. 아마 첫 학기가 채 반도 지나기 전부터, 술은 현실에서 도피하고 어떻게든 스트레스와 압박에서 벗어나기 위한 수단이 되어 버리고 말았다. 대학교 1학년 1학기 5주, 그 유명한 5th week blues가 왔을 때 태어나 처음으로 혼술을 하려 했던 기억이 난다. 알코올 중독까지는 아니라도, 그땐 사람이 아니라 술 자체를 의존하려 했었지 싶다.

 돌이켜 보면 어리석은 방법이었지만, 누구도 당시의 나에게 이 과정을 보다 건강하게 이겨낼 수 있는지 말해주지 않았다. 그저 함께 어울려 노는 게 좋은, 혹은 비슷한 스트레스를 비슷하게 잊기 위해 같이 술잔을 기울이는 친구들만 있을 뿐이었다. 물론, 그 친구들이 있었기에 그나마 견딜 수 있음에 감사했다.

 술을 먹고 노는 게 하나의 보편적인 대학 문화이지만, 삶과 학업의 어려움으로부터 회피하기 위해 술을 먹는 것은 조금 다른 맥락에서 복합적인 문제들을 파생한다.

 술을 먹으면서 소비되는 체력과 시간은 학업에 그대로 악영향을 미친다. 공부 때문에 힘든 마음을 위로하기 위해 술을 마시면, 그 여파는 다시 그대로 공부로 이어져 상황은 더 어려워지고, 그렇게 얻은 더 큰 스트레스를 해결하기 위해 더 자주 술을 찾는다. 해결은 없이 회피만 하는 과정에서 시간도 뺏기고 몸도 망가지며 헤어 나올 수 없는 악순환에 빠지게 된다.

 분명 공부에는 자신 있었는데, 이런 악순환 속에 어느 정도의 '괜찮음'을 유지하는 것조차 버겁게 느껴졌다. 가족들이나 친구들에게 티를 내지는 않았지만, 스스로 천재라고 착각했던 나에게 평균을 유지하기조차 어려운 환경은 고통이었다.

 이런 패턴은 관계의 고립으로 이어진다. 슬프게도 내게 주어진 영국이라는 환경에서 내가 마땅히 누릴 수 있는 것들을 누리지 못했다. 영국 친구들과 펍에 가서 맥주 한잔 기울이며 나누는 대화조차 영혼까지 지쳐 있는 나에게는 마음을 써야 하는 소모적인 시간이 되어버렸고, 그 빈도가 점점 줄어갔다. 결국 익숙한 이들과의 반복되는 술자리 정도를 갖는 게 고작이었다.

 무엇보다 강한 흔적을 남긴 부작용은 건강의 악화였다. 술이라는 친구는 모든 생활 패턴에 영향을 미치고, 불규칙한 식사와 불규칙한 수면, 거기에 자극적인 안주들이 더해져 몸을 망가뜨렸다. 젊음을 너무 맹신했던 나의 건강이 무너질 것이라고는 상상도 못 했지만, 생각보다 연약했던 나의 몸은 3년의 대학생활을 채 버티지 못하고 무너지고 말았다.

 정신이 육체를 지배한다고 했던가? 마음의 어려움들이 나도 모르는 사이에 내 몸을 잠식해버렸나 보다. 여기서 문제는 젊음이라는 말에 속아 몸이 이상신호를 보내와도 그냥 그러려니 하게 된다는 것이다. 3학년 1학기, 몸이 약해지고 어느 추운 날에는 따뜻한 카페에 들어가자마자 머리가 핑 돌며 기절하기도 했지만, 유학생 특유의 안일함으로 '그냥 몸이 좀 안 좋은가 보다' 하고 일시적인 현상이라며 대수롭지 않게 넘기곤 했다.

 졸업을 6개월 남긴 어느 겨울날, 방학을 맞아 한국에 들어왔다. 2008년 12월 8일, 나는 갑작스레 입원을 했고 병실에 올라가자마자 예정된 인턴을 취소하고 학교를 휴학했다. 기나긴 투병 생활의 시작이었다.

Part 4
생존

The Survival

VI.
투병생활

| 생존의 문제

　투병 생활의 처음은 2년 동안 이어진 투석이었다. 처음에는 머리가 아픈 것 말고는 어떤 통증이나 증상이 있는 것은 아니었기에 신장이 기능하지 않는 것의 의미를 잘 인지하지 못했었다. 하지만 투석을 받기 시작하며 투석을 받는 환자는 신장 2급 장애 판정을 받는다는 것을 알았고, 이게 그냥 쉽게 볼 일은 아니라는 것을 자각할 수 있었다.

　투석은 내 몸에 있는 피를 기계로 걸러내는 작업이다. 그러려면 피를 뽑아내는 과정이 필요한데, 헌혈할 때 쓰는 일반 주사로는 불가능하기에 심장 바로 위까지 이어지는 관을 오른쪽 가슴에 꽂았다. 덕분에 욕조에는 당연히 들어가지 못했고, 제대로 된 샤워도 할 수 없었다. 관 삽입 부위를 덮는 거즈 안쪽이 습해지면 염증이 생길 우려가 있어 땀을 흘리는 운동이나 환경도 피해 다녀야 했다. 뿐만 아니라, 우리는 몸속 노폐물을 배출하기 위해 하루에도 몇 번씩 보는 소변을 만드는 게 신장이다. 신장이 기능하지 않는다는 것은 소변을 통해 몸에 있는 노폐물이 배출되지 않는다는 뜻이다. 쌓인 노폐물로 위험해지는 걸 막기 위해 주 3회, 매번 4시간 동안 병원 침대에 누워 투석을 받아야 했다.

 갑작스레 환자가 되어 마주한 세상은 무척 낯설었다. 침대에 누워 보내는 4시간이 가끔은 아깝게, 때로는 귀하게 느껴졌다. TV를 보다가 잠이 들어 4시간을 보내는 날이 있는가 하면, 이런저런 생각을 정리하고 글을 쓰기도 했다. 워낙 활발했던 나에게는 사실 따분하고 지루한 시간이었지만, 피할 수 없는 환경에 어느새 적응해가는 나를 발견했다. 꼼짝없이 누워 있어야 하는 4시간과 투석 후 체력이 떨어져 영락없이 집에 와 휴식을 취하는 패턴이 반복되었고, 그것이 일상이 되어가자 무조건 바쁘게 무언가를 하지 않아도 괜찮음과 아무것도 하지 않는 시간 역시 충분히 의미가 될 수 있음을 배웠다. 쉼. 그래, 능동적으로 쉼을 누리는 것이 얼마나 중요한지를 처음 배웠다.

 분당에 있는 제생병원 인공신장실을 만난 것도 내게는 행운이었다. 22살의 앳된 아이가 투석실을 찾은 게 흔치 않은 일인지, 투석실의 간호사 선생님들은 사소한 부분 하나하나까지 친절하게 잘 챙겨주셨다. 그리고 대부분 어린아이들을 키우는 어머님들이셨기 때문에 내가 교육에 관심 있다는 걸 알고는 자녀 교육에 대한 고민들을 나누기도 했다.

 한 간호사님께서 한 번은 이런 말씀을 하셨다. '투석실에서 환자들을 보다 보면 반복되는 과정 속에서 몸보다 마음이 먼저 지치는데, 두수는 워낙 밝고 긍정적이라 그럴 일 없을 것 같다'고. '마음에서 지지 않고 이겨내서 몸도 건강해질 것 같다'고.

 나는 이 모든 상황이 어떤 의미를 가지고 신이 내게 허락한 하나의 과정이라고 생각했던 것 같다. 그렇기에 '왜 하필 나에게만'이라는 생각은 들지 않았다. 누구나 삶을 살아가는 데 있어, 또 성장하기 위해 필연적으로 만나게 되는 어려움과 장애물이 있다. 누군가는 부모님과의 갈등이고 누군가는 마음의 병이라면, 나에게는 육체적인 아픔으로 나타난 것일 뿐이라고 생각했다.

 4살짜리 아이가 사탕을 바닥에 떨어뜨렸을 때의 상실감과 고3 학생이 수능을 망쳐 대학을 못 가게 됐을 때의 좌절감은 매우 달라 보이지만, 본인들에게만은 동일하게 세상이 무너지는 슬픔과 좌절의 순간이다. 나의 아픔 역시 다른 누군가 봤을 때 결코 흔치 않은 심각함으로 느낄 수 있지만, 나는 그저 누구나 살면서 겪는 고난이 나에게는 질병의 모습으로 온 것이라 여겼다. 그러니 누구를 원망할 이유도, 그 앞에서 좌절할 이유도 없었다. 내가 품어야 할 것이기에, 품고 살 뿐. 그게 밀도 있게 지나온 학창 시절에 배운 책임감이자, 내가 선택한 삶의 방식이었다.

내가 아프지 않았다면,
난 여행을 다녔을 것이다.
이미 가본 도시에 대한 그리움과
가보지 못한 나라에 대한 호기심이
이리도 크지는 않았을 것이다.
파리의 그 시절 걷던 길을 걷고
프라하로 설레는 첫 여행을 떠나리라.

내가 아프지 않았다면,
난 공부를 했을 것이다.
도움 될 교육학과 심리학부터
즐거운 취미가 될 화성학까지.
학교를 다니고 스승을 찾으며
호기심을 따라 세상을 배우리라.

내가 아프지 않았다면,
난 더 많은 것을 이뤘을 것이다.
건강의 한계로 잠들어야 했던 밤,
병원에서 보내야 했던 세월만 모아도
여전히 꾸는 꿈의 반은 이뤘을지도.

함께 할 사람들을 하나 둘 모아
당장 하고 싶은 일들을 펼치리라.

내가 아프지 않았다면,
조금만 더 건강했다면,
꽤나 멋진 인생을 살았을 것이다.

하지만, 아이러니하게도
내가 아프지 않았다면
아마 평생 이런 생각들을 하지 못했을지 모른다.

여행의 행복과 의미를 모르고,
배움의 가치와 즐거움을 잊고,
내가 꾸는 꿈을 반도 이해하지도 못한 채
그렇게 살아갔을 것이다.

아픈 만큼 성숙한다는 말 앞에
항상 부끄러운 내 모습이지만,
그래도 이전의 나에 비하면
꽤나 사람다운 생각을 하고 살지 않나 싶다.

| 이식과 거부반응

 2010년 11월, 2년간의 투석 인생은 이식 수술을 하며 끝이 났다. 혈액형이 맞지 않아 가족들에게 수술을 받지 못하고 기다리던 찰나에 언제나 호탕하셨던 외숙모께서 피 한 방울 섞이지 않은 나를 위해 선뜻 나서 주셨다.
 내가 초등학생이던 시절 미국으로 이민을 가셨기에 자주 뵙지도 못했던 외숙모가, 간단하지도 쉽지도 않은 큰 수술임에도 '당연히 해줘야지, 무슨소리야!'라고 말씀하시는 걸 보며 가족이라는 이름이 갖는 의미에 대해 다시 생각하게 되었다.

 수술은 생각보다 복잡하고 어려운 과정이었다. 수술을 할 수 있는지 판단하기 위해 온갖 검사를 해야 하고, 철저하게 몸을 모니터링한다. 특히 인상적이었던 건 수술 당일 날, 수술실로 가는 길이었다. 거동에 큰 불편함이 없음에도 굳이 병실 앞에서 침대를 타고 이동을 하는데, 이동식 침대에 누운 채 천장을 바라보고 복도를 지나 수술실로 향하는 길이 참 묘한 느낌을 준다. 드라마에 나오는 한 장면처럼 천장의 형광등이 슬로 모션으로 내 시선을 스쳐 지나가고, 그 속에서 나는 나의 지난날들을 돌아본다. 지금까지 뭘 했나, 어쩌다가 여기까지 오게 됐을까, 수술은 얼마나 아플까 등 온갖 질문들이 머릿속에 가득하다. 정신없이 복도를 지나다 보면 수술 대기실 같은 장소로 들어가고, 거기서 다시 한번 신원과 수술 부위를 확인하고 수술실로 이동하게 된다.

 태어나서 처음으로 들어가 본 수술실은 매우 추웠다. 모든 것이 낯선, 여전히 의학드라마를 연상케 하는 배경과 사람들이 정신없이 분주했다. 무엇을 기대해야 할지, 무엇을 예상해야 할지 모르는 상태에서 침대에 눕혀지고, 마취가 시작되고, 정신을 잃었다.
 회복실에서 잠깐 정신이 들었지만 극심한 통증으로 다시 기절을 했고, 제대로 정신을 차리고 보니 병실이었다. 난생처음 느껴보는 종류와 크기의 통증이었다. 개복해 수술을 하면 실로 꿰매는 대신에 스테이플러로 살을 집는다는 것도 그때 처음 알게 됐다.
 통증 완화와 상처 부위의 빠른 회복을 위해 운동을 많이 하라고 추천을 하셨지만, 처음 이틀 동안은 걸을 엄두도 내지 못했다. 자리에서 일어나는 것조차 아팠고, 실제 느끼는 통증도 통증이지만, 극심한 통증이 반복되며 생긴 심적 두려움도 컸다.
 수술 부위의 통증이 조금 괜찮아지자 그새를 못 참고 허리가 말썽이었다. 통증을 피해 대부분을 누워서 생활한 탓인지 허리가 너무 아파 눕기도 앉기도 힘들었고, 그렇다고 수술 부위 통증 때문에 오래 서 있기도 어려웠다. 밤에 잠을 자는 것이 힘들어 매일 진통제의 힘을 빌려야 했다. 움직임이 적으니 장까지 뒤집어졌다. 배에 가스가 차서 뭘 먹지도 못하고 계속

복통을 호소하며 매일을 고통스럽게 보내야 했다.
 개복 부위의 통증에서 허리와 장까지, 그저 매일 찾아오는 여러 형태의 고통을 참아내는 것 밖에는 할 수 있는 게 없었다. 생각이 많아 끊임없이 질문하고 성찰하는 뇌도 그때만큼은 작동할 새가 없었다. 시간을 견디어 내는 날들을 하루씩 보내고 있었다.

 당연하게도, 이식 수술은 간단한 작업이 아니었다. 수술 자체도 큰 수술이고 회복하는데도 오래 걸렸지만, 사실 수술 이후의 관리가 더 어려운 과정이었다. 내 장기가 아닌 다른 이의 장기를 몸속에 넣는 과정에서 나의 면역력이 이식 신장을 공격할 수 있기 때문에 꽤 많은 양의 면역 억제제를 쓰게 되고, 그 덕에 나는 사람이 가질 수 없을 정도로 낮은 면역력을 유지해야 했다.
 온갖 면역 억제제와 스테로이드를 복용하기 때문에 사람이 많은 곳은 피해야 하며, 아이들이나 동물이 있는 곳은 더욱 가지 않기를 병원에서 추천했다.
 건강에만 온전히 집중해 가벼운 운동과 음식, 건강한 생활습관을 만들기 위해 애썼다. 병원에서 말한 주의사항을 매일 체크하며 꽤나 예민해진 상태로 건강을 확인했다. 허나 많은 노력에도 불구하고 수술 후 얼마 지나지 않아 신장 수치가 조금씩 오르기 시작했다. 정상 수치를 벗어나는 데에는 채 두 달이 걸리지 않았고, 그 이후로 다시 정상의 범위로는 돌아오지 않았다. 반복되는 거부반응과 감염으로 이식 이후 첫 1년 동안 6번을 입원해야 했다.

 대부분의 입원 사유는 이식 신장에 온 거부반응 때문이었다. 이식받은 신장을 몸에서 거부하는 작용으로 인해 신장 수치가 올라가게 되고, 치료는 '스테로이드 쇼크'라 불리는 이름부터 무서운 방법이었다. 이름처럼 대량의 스테로이드를 한 번에 몸에 투여해서 몸에 쇼크를 주는 방식으로, 하루에 500mg씩 4~5일에 걸쳐 총 2000~2500mg 정도를 주사로 맞았다.
 스테로이드에는 여러 가지 부작용이 있는데, 그중에도 눈에 띄는 건 얼굴이 달덩이처럼 동그랗게 붓는 문페이스Moon Face 증후군과 피부가 약해지고 쉽게 타는 증상 등이 있었다. 안타깝게도 그때 생긴 부기가 여전히 남아 있어 꽤나 아저씨스러운 얼굴이 되어버렸고… 아마 그 이후부터 사진 찍는 걸 그리 좋아하지 않았던 것 같다. 그저 더 착하고 푸근해 보인다는 인상 좋아졌다는 말에 위안을 얻을 뿐이다. 눈에 보이지 않지만 가장 나를 힘들게 하는 부작용은 소화 불량과 식욕 증진의 동시 타격. 계속 배가 고픈데, 먹으면 소화는 안되니 매일이 고생이었다. 뭐, 그런 치료를 통해서라도 거부 반응이 잘 잡혔으면 좋았겠지만, 그렇지 못했는지 그 해에만 비슷한 치료를 수 차례 반복했다.

거부반응 외에도 웃지 못할 슬픈 일들이 많았다. 한 번은 집 앞 도보 2분 거리 네이버 사옥 도서관에 가려고 가족들과 함께 집을 나섰는데 1분을 걷지 못하고 정신을 잃고 쓰러졌다. 아버지의 부축을 받으며 겨우 병원에 도착을 해보니 보통 성인 남성이 13 정도가 정상인 헤모글로빈 (빈혈) 수치가 4점대로 떨어져 있어서 산소 공급이 제대로 되지 않는 상황이었다. 원인을 찾기 위해 다양한 검사를 진행하고 나온 결과는 파보 바이러스 감염이었다. 일반적인 사람의 면역력으로는 걸리지 않는다는 바이러스지만, 나는 예외였나 보다.

  이렇듯 생물 시간에 대충 배우고 넘긴 이론에 불과했던 면역력이 사람에게 얼마나 중요한 역할을 하는지 경험을 통해 배웠다. 전에는 너무도 당연하게 갈 수 있던 곳, 만나던 친구들, 만남의 장소들이 이제는 두려움의 대상이 되었고, 무엇을 두려워하고 무엇을 안심할 수 있는지에 대한 구분도 하지 못함이 더 큰 두려움이었다. 어느 드라마의 '가장 큰 혼돈은 우리가 너무도 당연하다고 생각했던 무언가가 잠시 동안 기능을 멈출 때 일어난다'는 대사처럼, 나 역시 제대로 작동하지 않는 장기와 면역 체계 속에서 혼돈 걸어야 했다.

  당연하게 여기는 또 한 가지는 혈압이었다. 병원에서는 신장이 아파서 혈압이 올라간 건지, 올라간 혈압 때문에 신장이 망가진 건지는 알 수 없다고 했다. 이식 수술을 받은 후에도 혈압은 내려갈 생각을 하지 않은 걸 보면 아마 후자가 맞지 않을까 싶다. 혈압을 조절하는 항상성 역시 우리는 너무 당연하게 여기는 신체의 기능이며, 정상 수치를 유지한다고 해서 감사하는 이들은 없을지도 모른다. 하지만 저혈압이나 고혈압을 진단받아 본 사람은 그 몇 개 안 되는 숫자가 비정상의 범위로 넘어갈 때 생길 수 있는 상황들은 상상 이상으로 심각할 수 있음을 알고 있다.

면역력과 혈압, 그 외 다른 내 몸의 다양한 '비정상'들로 인해 당연함에 대한 감사를 배워갔다. 살아 존재하는 것에 대한 감사를 배워갔다. 그리고 아직 '정상'을 유지하는, 혹 정상을 벗어났으나 여전히 존재하는 나의 모습을 보며 결코 인생을 포기할 수 없음을 다짐한다.

사람의 몸에 새로운 장기를 이식하는 일은 매우 복잡한 과정이다. 수도꼭지나 변기를 연결하듯 배관을 알맞게 연결한다고 해결되는 일이 아니기 때문이다. 사람의 몸에는 면역력이라는 것이 존재하고, 다른 사람의 장기 역시 나의 면역 체계는 '내 몸이 아닌 것=몸에 해로운 것'으로 인식하기 때문에, 나를 살리기 위해 이식한 장기를 나의 면역 체계가 다시 죽이는 일이 발생하기도 한다. 이런 거부 반응을 방지하기 위해 우리는 때로 면역력을 억제하고 조절하는 정교한 과정이 요한다.

살아가면서 이와 같은 새로움을 마주할 때가 있다. 그 새로움을 어떤 거부감 없이 받아들이는 경우도 분명 있지만, 때로는 극심한 거부 반응을 보이기도 한다. 간단한 예를 들자면 버스 카드를 처음 썼을 때가 기억이 난다. 온갖 오작동부터 내릴 때마다 찍는 걸 까먹어 냈던 추가 요금까지, 왜 이런 불편한 걸 굳이 써야 하는지에 대한 불평이 많았다. 하지만 새로운 교통 요금 결제 방식을 밀어내거나 거부하지 않고 받아들여보니 지금은 교통카드와 신용카드가 결합된 카드 한 장만 들고 외출을 할 수 있는 편한 세상임을 느낀다.

이렇듯 우리의 사고방식에도 나름의 면역 체계가 존재하고, 이는 기존의 사고방식이나 가치를 지키기 위해 자동적으로 작동하게 된다. 물론 지켜내야 할 가치를 지키고, 합리적인 사고방식을 고수하는 것, 그리고 새로움에 대한 충분한 경계와 점검의 시간은 마땅히 필요한 과정이다. 그렇다고 해서 계속해서 변화를 거부한 채 이전의 방식, 이전의 가치만을 고집한다면 결국 장기가 하나둘씩 망가진 사람처럼 해야 할 기능마저도 상실해버릴 수 있다. 이런 이야기의 끝에 한국의 교육을 떠올려본다. 어쩌면 교육에 있어서도 더 이상 기능하지 않는 장기를 도려내고, 새로운 방식과 패러다임을 이식해야 할 타이밍 일지 모른다. 분명 많은 사람들의 거부 반응이 찾아오겠고, 정말 우리 정서와 문화에 맞는 패러다임을 찾기 위한 노력과 변화 이후 잘 정착시키기 위한 정교한 관리가 필요하겠다.

| 죽음에 대하여

 이식 수술 후 낮은 면역력으로 폐렴에 걸렸을 때의 일이다. 환절기에 감기에 걸렸던 게 낮은 면역력으로 인해 폐로 전이가 됐나 보다. 학원 수업이 예정되어 있던 어느 목요일 오전, 나는 소파 위에 앓아누웠고 출근 전 응급실에 가보니 체온이 39도를 넘어갔다. 바로 중환자실로 이송되었다.

 처음 경험한 중환자실은 병실과는 또 다른 분위기였다. 조용한 긴장감이 차분히 깔린 듯한 공간과 왠지 소리를 내면 안 될 것 같은 갑갑함. 식사 시간이 되면 밥을 먹는 사람보다 못 먹는 사람이 더 많다는 것도 묘한 기분이 들게 했다.

 치료는 열을 내리고 폐에 물이 차서 낮아진 산소 포화도를 회복하는데 집중했다. 그러던 어느 날, 입원한 지 며칠이 지나지 않아 내 맞은편에 누워 계시던 할머니께서 돌아가셨다. 심장이 멈춤을 알리는 기계음이 삐-하고 울리고, 간호사들이 모여들고, 오열하시는 아드님과 그를 꼭 안아주며 조용히 눈물을 훔치는 아내 분의 모습을 멍하니 바라보았다. 그 공간이 마치 생명과 죽음의 경계선처럼 느껴졌다.

 우리는 모두 죽는다. 이는 너무 당연한 사실이지만, 실제로 이를 체감하며 사는 사람은 많지 않다. '당장 오늘이라도 교통사고로 세상을 떠날 수 있는 게 인생이야'라고 말하면서도, 마치 영원히 살 것처럼 오늘을 살아내곤 한다. 하나 정말 불의의 사고로 사랑하는 이를 잃어봤거나, 어떤 질병이나 사고로 사경을 헤매 본 사람이라면 죽음을 대하는 태도가 전혀 달라진다.

 돌아가시는 할머니의 모습을 보며 나는 며칠 전 소파에서 쓰러져 응급실로 실려 갔을 때, 하루라도 늦었다면 위험했을지도 모른다고 말한 의사 선생님의 말이 떠올라 섬뜩했다. 모두가 그렇듯 나 역시 언젠가 죽음을 맞이할 것이라는 단순한 사실을 처음으로 체감했다.
 그렇게 죽음이라는 친구를 대면했고, 죽음은 그냥 막연하게 언젠가 다가올 마지막이 아니라 피부로 느껴질 만큼 실존하는, 결코 피하거나 예측할 수 없는 유한함을 의미했다. 투석이라는 의학 기술, 신장 이식이라는 가능성 같은 것들로 '나는 죽을병은 아니니까'라는 위안을 스스로에게 하던 나에게 죽음은 보다 선명한 현실이 되었다.
 죽음이라는 친구를 대면해 본 이들은 알 것이다. 죽음이 어떤 모양으로든 내 앞에 나타났을 때, 그리고 나도 분명히 언젠가 죽을 것이라는 확신에 사로잡히는 순간, 나의 장례식을 상상하거나 임종의 순간을 그려보기도 하지만, 거기서 멈추지 않는다. 아이러니하게도 죽음을 마주할 때, 우리는 삶을 고민하게 된다. 단 하루라도 내게 남은 시간이 있다면 그 하루를 어떻게 살아낼 것인가에 대해 고민하는 것이다.
 나 역시 그랬다. 투병 생활, 그중에도 이렇게 문득 죽음을 눈치채는 순간들이 찾아올 때마다 인생을 바라보는 시각을 재고했다. 아프기 전 추구하던 삶의 방식이나 성공이 내가 원하는 것이 아닌 사회가 나에게 강요하는 것이었음을 알고는 너무도 허무했다. 앞서 말한 것처럼 내가 이룰 수 없는 것들을 이루도록 강요받고, 그것을 어떻게든 이루기 위해 문자 그대로 나를 죽이고 있었던 것임을 깨달았다. 만약 누군지도 모를 그들의 의견을 따랐을 때 그 결과에 대해 그들이 책임져주고, 실패하고 넘어질 때면 다시 나를 일으켜준다면 왜 그 길을 걷지 못하겠냐 만은, 내 인생의 모든 순간에 대한 책임은 오롯이 나의 몫이며, 내게 훈수를 두고 정답이라며 떠들어 댔던 불특정 다수의 목소리는 책임의 순간에 이미 등을 돌리고 사라져 보이지 않음을 알았다.

　인생의 유한함 속에 나는 무엇을 즐기고, 무엇을 누리며, 또 무엇을 남기며 살아갈 것인가를 계속해서 고민했다. 내 앞에 여전히 남아있는 삶을 어떻게 채울 것인가를 고민했다. 비전을 세우고, 점검하고, 수정하며 내 인생을 돌아보고 또 내다보았다. 대학 생활을 이야기하며 '필요하다'고 반복해 강조했던 그 생각을 이 시기에야 비로소 시작했다.

　이전에 내게 주어진 선택의 폭은 굉장히 좁았다. 이 대학을 나왔기 때문에, 이런 능력을 가졌기 때문에 라는 말로 포장하며 높은 연봉과 이름 있는 회사들을 강요받으면, 그 안에서 그나마 내 마음에 맞는 곳을 선택하게 되곤 했다. 이제는 연봉이

나 이름과 상관없이 모든 가능성을 열어두고, 정말 이 세상에서 내가 가장 나답게 존재할 수 있고, 내가 가진 것들이 최선으로 활용될 수 있으며, 나의 존재가 온전히 발현될 수 있는 곳은 어디일까를 고민한다. 교육이라는 막연한 비전이 아니라 보다 구체적으로 내가 어떤 사람으로서 어떤 미래를 만들어가고 싶은지에 대해 자문한다. 때로 주위의 누군가는 실망할 길이라도, 좋아하는 노래 가사처럼 '누군가는 바보처럼 서러워도 걸어야 할 길이었다고'[7] 말할 수 있는 나의 길은 과연 어디인가를 질문했다. 이런 질문들은 '비전이 과연 무엇일까'에 대한 묵상으로 이어졌고, 이런저런 고민들의 끝에 다음과 같은 비전 선언문을 적어 내려갔다. 이 책 역시 내가 살아내고자 하는 삶의 방식에 부합하는 노력임을 알 수 있다.

---

7. 피타입 - 돈키호테 中

비전선언문

Vision

"너로 사람을 행복케 하라"
개인의 성장과 조직의 변화를 이끌어
사람의 행복을 돕는다.

Mission

1. 대한민국 청소년이 행복한 교육을 만드는데 기여한다.
2. 사람에게 위로와 동기부여, 감동을 주는 문화 컨텐츠를 창작한다.
3. 매일 나에게 주어지는 이들의 행복을 위해 할 수 있는 노력을 한다.

| 여전히 살아있다

 투석을 받으면 가슴에 꽂힌 관에서 기계로 연결되는 기다란 관을 손에 꼬옥 쥐고 있기를 좋아했다. 내 몸에서 나온 피는 언제나 따스했다. 핫팩의 따뜻함과는 조금 다른, 사람의 체온이 담긴 은은한 따스함 같은 것이었다. 그러다 어느 날, 투석을 받고 나서 마무리를 하는 과정에서 간호사 선생님의 실수가 있었다. 관에 들어간 피가 역류하지 못하도록 하는 클립을 실수로 열어 안에 있던 피가 역류해 쏟아진 것이다. 그렇게 식염수가 섞인 피가 내 어깨 쪽에 부어졌다. 그 피는 손으로 만지막 거리던 관으로 느낀 것보다 짙은 온기로 나를 덮쳤다. 성경이나 영화에서 피를 사람의 생명력을 상징하는 오브제로 사용할 때가 많은데, 그 생명력을 마주하는 느낌이었다. 정말이지, 따스했다.

 한 번은 투석을 받고 와서 침대에 대자로 누워 천장을 멍하니 보고 있었다. 그날따라 이렇게 반복되는 투석이 참 무의미하게 느껴졌던 것 같다. 투석을 받는 것은 몸이 나아지기 위한 치료가 아닌 그저 현상 유지를 위한 임시방편 같이 느껴졌고, 계속해서 이렇게 기계에 의존해서 하루하루를 버티는 게 무슨 의미일까 싶었다.
 멍하니 천장에 쓸데없는 혼잣말들을 던지다가 무언가에 이끌리듯 손을 왼쪽 가슴으로 가져갔다. 거기에는 지금도 여전히 열심히 뛰고 있는, 살기 위해 오늘도 발버둥 치는, 위태롭게 쿵쾅거리는 심장의 박동을 느낄 수 있었다. 한의학에서는 맥을 짚어보는 것만으로 몸의 상태를 다 파악할 수 있다던데, 내 심장의 박동은 한의학을 잘 모르는 나에게도 매우 불안정하게 느껴졌다.

눈물이 흘렀다. 내 심장이 이렇게 열심히, 어떻게든 살아보려 발버둥을 치고 있는데도 이미 반쯤 포기한 사람처럼 허무해하는 내 모습이 미안했다. 그렇게 눈물을 흘리며 심장에게 사과했다. 언제나 최선을 다해 온 너에게 미안하다고, 나도 너만큼 살기 위해 열심히 뛰어보겠다고. 그 이후로 지금까지도 사는 게 허무하게 느껴질 때면 침대에 누워 오른손을 왼쪽 가슴으로 가져간다. 그렇게 오늘도 내가 살아있음을 느낀다.

| 복학 준비, 그리고 실패

그렇게 거부 반응과 감염 사이에서 조금씩 나빠지는 신장 수치는 정상에서 점점 멀어져 갔다. 약을 더 사용하고 온갖 노력을 해봐도 다시 돌아오지는 않았고, 담당 교수님과의 상의 끝에 더 나빠지기 전에 복학해서 학업을 마치고 돌아오자는 결론을 내렸다.

신장 수치가 정상에서 벗어났다는 것은 어쨌든 신장 기능에 뭔가 문제가 있다는 뜻이고, 이는 예측하지 못할 어떤 변수가 생길지 모른다는 뜻이기도 했다. 짧다면 짧을 수 있는 1년만 잘 버티면 졸업이었지만 그 안에 어떤 일이 일어날지는 누구도 장담할 수 없었다.

그 어려운 결심을 할 수 있었던 생각의 중심에는 '어차피 죽어가는 존재'라는 생각이 있었다. 어떤 시한부 인생을 사는 환자의 삶에 대한 허무함 같은 것이 아니었다. 그저 병원을 오가고 중환자실에서 돌아가시는 할머니를 지켜보며 인간은 모두 죽어가는 존재이며, 죽음이라는 개념이 우리 모두가 결코 피할 수 없는 현실임을 느꼈을 뿐이다. 어차피 언젠가 끝날 유한한 인생이며, 그 시간들을 내가 어떤 모양으로든 소비해야 하는 상황이라면 내가 원하는 곳에 그 시간을 쏟고 싶었고, 끝내지 못한 숙제 같았던 졸업은 내가 가장 원하는 것이었다. 무엇보다 어차피 한국에서 매달 병원을 다니며 치료를 받아도 오를 신장 수치라면, 학교를 다니면서 그 시간을 보내는 것도 좋겠다는 생각이었다.

복학을 결심하고 한창 준비를 하다가 우연히 증권사에서 인턴을 할 기회가 생겼다. 분명 교육이라는 비전을 향해 방향을 설정하고, 인생을 설계하고 있던 상황이었음에도 수학과인 나에게 증권사 인턴십은 매력적이게 들려왔나 보다. 아니, 어쩌면 아직 머릿속에서만 형성되던 나의 기준이 불안정해, 세상의 기준에서 성공하고 싶은 욕심이 여전히 내 안에 남아 있던 것이겠지. 애석하게도 한 달 간의 짧은 인턴십 기간 동안 그것이 나의 과욕이었음이 여실히 드러났다.

그렇게 강도가 높지 않았음에도, 일을 하는 게 너무 힘들었다. 하루는 너무 느리게 갔고, 내가 무슨 일을 하고 있는지도 모를 때가 많았다. 그렇다고 열심히 배우고자 하는 욕구가 들지도, 배우고 있다는 감각을 느끼지도 않았다. 내가 하는 일의 모든 부분이 즐겁지 않았다. '일은 원래 즐겁지 않은 거다'라고 말하는 사람도 있겠으나 난 거기에 동의할 수 없다. 내가 있어야 할 곳에서 내가 해야 할 일을 할 때 느끼는 즐거움이 분명히 있다고 믿는다.

인턴을 하는 한 달간, 그곳에서 나는 맞지 않는 퍼즐이었다. 아침에 눈을 뜨는 것이 스트레스였고, 하루 종일 퇴근 시간만을 기다리다가, 퇴근을 하면서는 또 다음날의 출근에 한숨을 쉴 정도로 악순환이 반복됐다.
마음이 힘들어서일까? 분명 스케줄이 빡빡하지도 않았고 언제나 칼퇴를 했음에도 불구하고 그 한 달 동안 몸이 많이 망가졌다. 점진적으로 오르던 신장 수치가 갑자기 뛰었고, 병원 교수님은 이대로 해외에 간다는 것은 위험 부담이 너무 크다는 판단을 했다. 고대하던 복학의 시기는 1년 더 미뤄져야 했고, 나의 투병 생활은 길어져 갔다.

또다시 시작된 1년의 투병 생활은 정신없이 지나갔다. 복학을 목표로 건강관리에 집중을 했던 것 같았으나 결과는 크게 다르지 않았다. 거부 반응은 노력과 상관없이 주기적으로 찾아왔고, 나는 계속해서 병원을 들락날락거리며 어떻게든 조금이라도 신장이 망가지는 속도를 늦추려 안간힘을 썼다. 1년이 더 지나 다시 찾아온 여름, 신장은 이제 반 정도만 기능하고 있었다. 복학을 해서 외국에서 생활을 하는 것은 여러 가지 측면에서 리스크가 큰 모험이었지만, 어차피 망가져가는 신장이라면 내일보다는 오늘이 낫다고 판단했고, 그렇다면 가능한 한 빨리 움직이는 것이 현명했다. 교수님, 부모님, 형과 여러 차례의 상의 끝에 2012년 여름, 학교에 메일을 보냈고, 복학을 확정했다.

Part 5
회귀

Back to Square One

VII.
복학, 그리고…

| 같은 환경, 다른 마음

 2012년 여름부터 2013년 여름까지의 일 년은 특별했다. 오지 않을 것 같던 복학의 기회를 얻을 수 있었고, 무엇보다 이전의 실패를 교훈 삼아, 투병 생활의 교훈들을 발판 삼아 나름의 성공적인 유학 생활을 할 수 있었다.
 다시 돌아간 학교는 그 자체로도 '기적'이었다. 내게 주어져서는 안 될 것이 선물로, 보너스로 주어진 느낌이었다. 모든 것이 감사였고 모든 것이 기쁨이었다. 누군가는 꿈처럼 여기는 곳에서 이런 분들께 수업을 받는다는 것, 역사와 전통이 깊은 도서관에서 책을 읽고 공부를 할 수 있다는 것, 그곳의 사람들과 대화하고 토론하며 관계를 맺을 수 있다는 것. 거기에 내가 존재하는 것 그 자체로 넘치는 행복임을 깨달았다.
 이런 감사의 제목들은 언제나 불평을 늘어놓았던 지난날의 나의 모습을 돌아보게 해주었다. 이는 불행한 상황에서도 애써 긍정의 제목을 찾아보자는 긍정 마인드가 아니라, 분명 경이롭고 환희에 젖어야 마땅한 상황에서도 애써 부정적인 작은 결점들을 찾아내고자 했던 불손한 과거에 대한 성찰에 가까웠다.

같은 학교, 같은 과목, 같은 수업이었지만 마음가짐이 달라지니 태도가 달라졌다. 그리고 태도와 함께 생활 패턴이 바뀌었다. 더 이상 공부에, 진로 걱정에 끌려 다니지 않았고 비로소 내가 나로서, 하나의 주체로서 살아내는 인생이 되었다. 복학의 시작점에서 분명한 우선순위는 '나'였으며 공부도, 졸업도, 나의 미래까지도 오늘의 '나'보다는 뒷전이었다. 그리고 여기의 '나'에는 몸의 건강 상태뿐 아니라 마음의 건강과 여유까지도 포함이었다.

나는 '마음의 여유'라는 말을 좋아하고 자주 애용한다. 아마 이런 비슷한 개념이 심리학이나 어떤 학문 분야에 조금 더 전문적인 용어로 존재하지 않을까 생각한다. 정확히 어떤 말로 정의해야 할지는 모르겠지만 내가 어떤 일을 수행할 수 있는, 때로는 겪어야 하는 리스크에 기꺼이 도전해낼 수 있는 심리적인 여유 공간에 대한 이야기이다. 주위의 상황이나 사람들을 돌아볼 수 있는 여분의 심리적 에너지이며, 끌려가지 않고 내 삶을 이끌어낼 수 있는 하나의 주체적인 에너지이기도 하다.

마음의 여유는 우리의 심리 상태나 감정선에 직접적인 영향을 준다. 마음의 여유가 없을 때는 항상 알 수 없는 조급함을 안고 살아간다. 할 일은 너무 많은데 시간은 턱없이 부족해 보이고, 한 게 아무것도 없는데 하루가 금방 지나가 버린다. 내가 내 의지대로 하루를 살아간다기보다는 처한 환경이나 상황에 이리저리 끌려 다니는 느낌을 받게 된다. 당연히 감정적으로도 부정적이 되거나 예민해지고 주위 사람들과의 관계에까지 영향을 미치게 된다. 마음의 여유가 사라질 때, 사람들을 포용할 수 있는 폭이 좁아진다. 함께하는 시간 속에서 마땅히 상대에게 내어주어야 할 심리적인 여분이 없기 때문에 자기중심적이 되거나 까칠해지기도 한다.

반대로 마음의 여유를 갖게 되면 내가 하는 모든 일이나 과제, 관계와 감정들 사이에서 편안하게 하나하나를 처리할 수 있게 된다. 내가 살아가는 하루의 주인이 내가 되며, 나의 뜻대로 하루를 기획하고 살아갈 수 있다.

오랜 투병 생활 속에서, 때때로 모든 것을 내려놓고 인생을 재부팅하듯 돌아보며 '꼭 해야 하는 것은 없음'을 느꼈다. 단지 '하고 싶은 일'과 이를 이루기 위해 '필요한 과정'이 있을 뿐이다. 우리가 사람으로서 존재하기 위해 '꼭 해야 하는 것'은 생존을 위한 최소한의 활동, 숨을 쉬고 먹고 마시고 자고 싸는 것, 그뿐이다. 그 외 모든 것은 나에게 주어진 선택권이며, 그 선택에 책임을 지면 되는 것이다.

숙제를 하지 않는다고 해서 죽거나 사람이 아니게 되는 것은 아니다. 단지 선생님께 혼날 뿐이다. 회사에 출근하지 않는다고 해서 내가 사라지는 것은 아니다. 상사에게 혼이 나고 징계를 받거나, 해고를 당할 뿐이다. 꼭 해야 되는 것이 아니니 숙제를 하지 말고 출근도 하지 말라는 이야기는 당연히 아니다. 그 결과에 대한 책임 역시 내가 져야 하기 때문에 원하지 않는 결과를 피하는 것 역시 고민해야 할 문제이므로.

 중요한 것은 이 사회가 꼭 해야 한다고 강요하는 것들로부터 자유로워질 수 있을 때 비로소 마음의 여유를 가질 수 있게 된다는 점이다. 마음의 여유를 갖기 위해서는 '해야 한다'라고 강요받는 것이 아닌 '하고 싶다'고 느끼는 옵션을 선택할 수 있어야 한다.

 4년 만에 다시 시작한 유학 생활 역시 '마음의 여유'에 집중했다. 언제건 몸도 마음도 최상의 상태일 수 있도록 최선을 다했다. 내일까지 제출해야 할 과제가 있어도 몸이 힘들 땐 잠을 청했고, 수업이 있어도 컨디션 난조일 때는 쉬기를 선택했다. 이는 나의 존재가 내가 내는 성적이나 졸업장처럼 내가 만들 수 있는 성취보다 우선되기 때문이었고, 동시에 최고의 성과를 거둘 수 있는 가장 효율적이고 건강한 방법이기 때문이었다. 그리고 그 결과는 그대로 성적에서 드러났다.

| 가장 큰 행운 2

　성하지 않은 몸으로 학교에 돌아가 마지막 학년을 마치는 일은 어찌 됐든 쉽지 않은 과정이었다. 이 과정을 극복해내고 성공적으로 졸업해낼 수 있었던 데에는 사랑하는 가족들의 역할이 절대적이었다.

　체력이 많이 떨어진 상태에서 영국까지 10시간이 넘는 비행 자체도 쉽지 않은 일이었다. 3학기이니 총 6번 비행기를 타야 했고, 가족들은 지금까지 모은 모든 마일리지를 긁어모아 모든 비행기표를 비즈니스석으로 업그레이드해주었다. 가족들이 오랜 시간에 걸쳐 여행, 유학, 출장, 소비를 하며 모아놓은 마일리지를 불과 1년도 안 되는 시간 동안 다 탕진해버렸다. 해외여행을 가도 몇 번은 갈 만큼의 금액을 배려해주었고, 파리를 사랑하시는 어머니가 언젠가 파리로 가족 여행을 가자며 고이 모아두신 그 마일리지는 나의 졸업을 위해 흔쾌히 희생되고 말았다.

　가족들의 재정적인 지원과 헌신도 물론 큰 도움이었지만 더 큰 건 역시나 사랑과 응원의 마음이었다. 4년 만에 영국으로 가는 공항에 온 가족이 나와 이런저런 이야기를 할 때에도, 10시간 비행을 마치고 영국에 도착했을 때 받은 첫 메시지에서도, 학기 중 종종 안부를 물으며 연락을 할 때도 가족들이 나에게 던지는 메시지는 항상 같았다.

"학교도 졸업도, 그 어떤 것도 너보다 중요하지 않다.
졸업 못해도 좋으니 행복만 하다 와라."

힘이 들 때마다 이 말은 머리를 맴돌았고, 이 문장을 가지고 나의 하루들을 점검했다. 오늘 나는 어떤 부담감으로 스스로를 불행으로 몰고 가지는 않았나? 나는 오늘 어떤 행복을 느끼고 살았는가? 부모님과 형의 이런 서포트로 '마음의 여유'를 가지고 성공적인 졸업을 할 수 있었다.

이런 가족들이 있기에 4년 간의 투병도, 1년 간의 복학도, 오늘날까지 계속되는 온갖 어려움과 세상과의 혈투 속에도 나는 외롭지 않을 수 있고, 넘어져도 다시 일어날 힘을 낼 수 있다.

| 미래를 향한 첫 걸음

4년 간의 투병 생활을 마치고 다시 학교로 돌아갔을 때, 이미 인생과 진로의 방향성에 대한 확실한 결론을 가지고 있었다. 교육. 웃기게도 한창 청소년이었던 시절부터 대한민국 청소년들에 대한 안타까운 마음을 품던 나를 다시 마주하며 한국 교육을 바꾸고 싶다는 나의 비전을 중심으로 진로를 고민했다.

한국에서 교육이라는 분야에 뛰어드는 데 있어 나의 가장 큰 약점은 한국 교육에 대한 경험이 부족하다는 점이었다. 한국 교육과 입시가 가지는 특수성을 이해하기에 어려운 조기유학생이었고, 주위들은 이야기만으로 구체적인 그림을 그리는 데에도 한계가 있었다. 결국 한국 교육을 이해하기 위해서는 보다 직접적인 필드에서의 경험이 필요하다는 결론에 이르렀고, 졸업이 얼마 남지 않는 봄날부터 내가 갈 수 있는 다양한 길을 찾기 시작했다.

졸업을 하고 한국에 들어와서 교육 봉사를 기획, 운영하는 NGO에서 일했다. 교육 봉사라는 구조 특성상 교사와 중고등학생은 물론이고 대학생들을 만날 기회도 많았다. 교육을 바라보는 관점이나 보편적이라 볼 수 있을만한 공감대, 인식 등을 배웠다.

NGO에서 일을 하며 갈증을 느낀 부분은 '정규 수업'을 경험해보지 못함이었다. 방과 후 수업을 주로 운영하는 입장에서 정규 시수에 진행되는 수업들과의 코디네이션에 어려움이 있었고, 특히 색다른 교육의 방식을 접목시키고자 할 때 더욱 그랬다. 이런 갈증은 다음 직장으로 대안학교를 고르는데 가장 주요하게 작용했다.

대안학교에서는 과목을 없애고 주제별로 수업을 진행하는 커리큘럼을 설계하고 진행하는 역할을 했는데, 이 과정이 매우 흥미로웠다. 배움의 본질이 무엇인지 끊임없이 고민하고 연구해야 했다. 학부모들과 밀접하게 소통해야 한다는 점도 의미 있는 배움의 지점이었다.

 두 직장을 다니며 많은 것을 얻었다. 힘들고 마음에 안 드는 일도 왜 없었겠냐만은 그 모든 걸 상쇄시키고도 남도록 얻은 것은 사람이었다. 교육이라는 가치는 좋은 사람을 끌어당기는 성질이 있다고 믿는다. 다른 누군가를 기르는 일에는 어떤 숭고함이 존재하기에, 이를 위해 모인 사람들에게는 공통적인 선함이 존재한다. 세상을 살아가며 만나기 쉽지 않은, 멋지고 아름다운 마음을 가진 이들을 두 집단에서 만났다.

 교육을 바꾸겠다는 당당한 포부를 가지고 미래를 향해 두 때었을 뿐인데, 배움과 성장의 자극이 주는 희열에도 불구하고 신장은 점진적으로 망가져가고 있었다. 이식을 받은 지 5년이 지난 스물아홉의 어느 겨울, 나는 다시 투석을 받기 위해 인공신장실로 향해야 했다.

VIII.
또 다시 원점

| 불청객

 만성 신부전이라는 친구를 만나며 그래도 내가 절망하지 않았던 이유는 '죽을병은 아니다'라는 희망 같은 말 때문이었다. 의학 기술이 좋아져 투석을 받으며 살 수도 있고 이식 수술도 얼마든지 받을 수 있기에 완치는 없더라도 치료는 가능한, 온전한 생활은 불가능하더라도 나름의 인생을 살아갈 수 있는 병이라는 인식이 있었다. 그래서 진짜 불치병을 앓고 있는 이들이 고통스러워하는 모습을 볼 때면 나는 환자라고 칭하기도 부끄럽다 싶을 정도로 죄송한 마음이 들었다.
 정말 내가 겪는 건 아무것도 아니구나 라는 생각을 하게 된 또 한 번의 계기가 있었다. 2016년이 되고 염증 수치가 올라가거나, 혈압 조절이 안 되는 등 이미 기능을 상실한 이식 신장이 몸에 안 좋은 영향을 준다고 판단해 신장을 다시 제거하기로 결정했다. 신장 제거 수술을 준비하기 위해 채혈 검사와

X-ray, CT 등 온갖 검사들을 하나씩 했다.

 어느 정도 필요한 검사를 마치고 담당 교수님과 진료를 보는데, 뜻밖의 소식을 들어야 했다. 이식 신장이 아니라, 이미 오래전부터 기능하지 않아 쪼그라들어 주먹 정도의 크기가 된 나의 본래 신장에서 암일지도 모르는 무언가가 보인다는 소견이었다. 아무것도 아닐 수 있지만, 어차피 기능을 하지 않고 혹시 암일 경우 놔두면 문제가 심각해질 수 있으니 이식 신장을 제거할 때 함께 제거하는 것을 제안하셨다.

 그날 이후, 내 모든 사고가 마비된 듯했다. 암이라니. 영화에서나 보던 암이라는 게 현실처럼 다가오자 신장이 처음 망가졌을 때와는 전혀 다른 공포감이 찾아왔다. 누군가에게 털어놓으면 그 누군가가 더 놀랄까 싶어서, 그런 그들의 반응을 보며 나 또한 더 절망할까 싶어서 내색도 하지 못한 채 물밀듯 밀려오는 감정들을 삼켰다. 아직 진짜 암인지 확인조차 되지 않은 상황에서 느끼는 두려움만 해도 너무 거대해 감당하기 힘들었다. 어쩌면 죽음이라는 개념을 가장 가까이서 마주했던 시기가 아닐까 싶다. 나는 원치 않아도 가장 부정적인 결과와 그로부터 이어지는 가장 부정적인 미래를 떠올리곤 했다.

 2016년 여름, 수술을 하기 위해 입원 했고, 개복 수술이 처음이 아닌지라 전보다는 편한 마음으로 모든 절차를 밟아 나갔다. 수술은 원활하게 진행되었고, 복부에 크고 작은 상처들을 남기며 두 개의 신장은 안전히 제거되었다.
 수술 이후 회진을 오신 교수님은 '기존 신장에서 암이 발견됐고, 아직 사이즈가 작아서 어디 전이되거나 하지는 않았으니 안심해도 된다'고 말씀하셨다. 진짜 암이었다는 현실에 대한 충격과 더 이상 걱정하지 않아도 된다는 안도감이 함께 밀려왔다.

 세상에는 내가 이해할 수도, 나라면 감당할 수도 없을 정도의 아픔을 안고 살아가는 사람들이 참 많음을 알게 되었다. 고통을 비교할 수는 없겠지만, 병마와 싸워 나가는 그들이 위인처럼 느껴졌다. 때로는 적은 확률 앞에서도 그렇게 치열하게 싸워내야 할 만큼, 우리의 생명은 소중한 것이었다.
 더불어, 건강한 이들도 하나씩 품고 사는 아픔들이 있다. 마음의 병일 수도, 관계의 어려움일 수도, 혹은 지극히 개인적인 자아의 문제일 수도 있다. 모든 것에 의욕이 사라진 무기력일 수도 있고, 사랑하는 이의 아픔으로 인한 상실감일 수도 있다. 크고 작음에 상관없이 우리 모두는 각자의 아픔을 안고 살아간다. 그 아픔을 숨기지 않고 아픈 건 아프다고, 괴로운 건 괴롭다고 표현할 수 있는 용기가 필요한 건 아닐까? 나처럼 혼자 안고 있으면 더 곪을 뿐임을 지나고 나서야 알았다. 꺼내어 놓고, 마땅히 위로받으며 힘을 얻으면 그 아픔도 견딜만해질지 모른다.

분명 당신의 이야기를 듣고 싶어 하는 이들이, 또 위로하고 싶은 이들이 주위에 많을 것이다. 물론 불가능한 욕심이지만, 나 역시 주위 모든 이들의 아픔과 어려움들을 듣고 위로하고 싶듯이 말이다.

| 또 다시 원점

 다시 처음으로 돌아왔다. 5년 만에 망가져버린 신장, 끝을 모르고 정상을 벗어나 오르는 신장 수치, 그 앞에서 무기력하게 원점으로 돌아온 내가 있었다. 다시 일주일에 세 번씩 투석실을 찾았다. 건강하기 위해, 내가 꿈꾸는 인생을 열심히 살아내기 위해 발버둥 쳤으나, 나는 빙 돌아 다시 원점으로 돌아와 있었다.
 '다시'라는 상황은 꽤 많은 의미를 주곤 한다. 처음 질병을 만났을 때는 사실 잘 인지하지 못했다. 현실감이 없었다고 할까? 그저 흘러가는 대로 낯선 모든 것들이 바람처럼 나를 지나쳐가는 느낌에 가까웠다. 하지만 두 번째는 다르다. 회복되었다고 생각했던 질병이 다시 나를 찾아왔을 때 느끼는 우울감과 자괴감은 차원이 다르다. 무엇이 나를 덮친 것인지를 정확히 알고 있고, 앞으로 겪어야 할 어려움을 세세하게 기억하고 있으며, 내가 어떤 과정이 펼쳐질지를 구체적으로 그릴 수 있다. 상상할 필요 없다, 이미 경험한 것이기에.

언젠가 이렇게 될 거라는 걸 알고 있었으나 막상 그 자리에 서고 나니 허무함이 앞섰다. 내가 무엇을 위해 그리도 노력했던가. 어차피 다시 이 자리로 돌아와 병원 침대에 누워 그저 연명하기 위해 살아가야 했을 텐데. 무슨 꿈을 그리도 꾸었던가, 결국 아무리 높이 뛰어도 다시 땅을 밟아야만 하는 중력 같은 질병이 언제나 나를 끌어당기고 있는데. 나의 지난 시간들이 무의미하게만 느껴졌다.

사실은 투석을 다시 시작한 것뿐이었는데, 마치 다음 주 화요일 즈음에는 죽을 게 확정된 사람처럼 삶을 비관하기도 했다. 모든 것에 의욕을 잃었고, 5년 간의 투병생활 중에도 없었던 인생의 가장 밑바닥을 치는 순간이었다.

당시 대안학교에서 일을 하고 있었다. 주 3회로 일을 하던 학교에 더 적극적으로 참여하며 풀타임으로 전환하려던 타이밍에 투석을 시작하게 되어버렸고, 주 3회 출근을 유지하는 것조차 부담이 되어버렸다. 체력적인 부담에 심적인 허무함이 겹치니 일도 잘 손에 잡히지 않았다. 의미 있는 교육을 더 치열하게 연구하고 고민해야 하는 타이밍으로 내가 할 수 있는 최선을 다해도 모자랄 판에 겨우 버겁게 내 자리를 유지하고 있는 정도였다.

| 두 번의 눈물

 마침 그 시기가 <응답하라 1988> 이라는 드라마가 방영한 직후였다. 거리에는 응팔 ost들이 울려 퍼지고 있었고, 드라마에 나온 배우들이 여러 광고에 등장할 시기였다. 여전히 기운 없이 약속을 향하던 어느 일요일, 습관적으로 이어폰을 귀에 꽂고 음악을 틀었는데, 이적님이 부르신 <걱정말아요 그대>라는 곡이 흘러나왔다.

"그대 슬픈 얘기들 모두, 그대여.
그대 탓으로 훌훌 털어버리고.
지나간 것은 지나간 대로 그런 의미가 있죠.
우리 다 함께 노래합시다. 후회 없이 꿈을 꾸었다 말해요."

- 이적 <걱정말아요 그대> 중

 노래는 내게 들려오기보다 말을 건네고 있었다. 어떤 따스한 위로를 건네고 있었다. 가사가 마음에 박히고, 눈에서는 하염없이 눈물이 흘렀다. 친구를 만나러 가는 지하철 두 정거장 사이에 주위 사람들은 신경 쓸 겨를도 없이 미친 사람처럼 오열했다.

그렇다. 지나간 것은 지나간 대로, 그런 의미가 있었다. 지난 5년도 결코 헛되지 않은 하나의 의미였고, 그 속에는 새로운 사람을 만나고, 또 소중한 이들과 함께하며 보낸 나의 하루들이 담겨 있었다. 5년 사이에 돌아가지 못할 것 같았던 학교로 돌아가 졸업을 했고, 의미 있고 가치 있는 일을 하며 멋진 이들을 만날 수 있는 직장 생활도 해냈다. 무엇보다 지난 5년 간 후회 없이 꿈을 꾸었고, 그 꿈을 위해 매일 작은 걸음들을 내디뎠다. 다시 투석을 받는 이곳 원점으로 돌아온 이 순간, 나는 내가 그리는 이상을 향해 훌쩍 성장해 있었다.

 노래 한 곡, 아니 한 구절만으로도 이렇게 위로를 받을 수 있음은 정말 놀라웠다. 마치 신의 음성처럼 내 마음을 안아주었고, 물 흐르듯 자연스럽게 모든 것이 괜찮아져 버렸다. 괜찮은 그 마음으로 스스로에게 말을 건넸다.

 "그동안 수고했다. 쉽지 않은 길을 열심히도 걸어왔구나. 그 모든 의미들을 마음에 새기며, 다시 돌아온 이 원점에서, 또 새로운 걸음을 내디뎌 가자."

 또 다른 어느 하루, 투석을 받기 위해 탄천을 걸어 제생병원으로 향하는 길. 갑자기 울컥하며 덮쳐오는 감정으로 병원 뒤 공원을 거닐며 엉엉 울었다. 투석 시간이 다 되어 병원에서는 확인 전화가 오는데도 계속 제자리걸음. 눈물은 흘렀고, 전화는 울렸다.

두 번의 투병, 두 번의 투석으로 죽음에 대한 생각이 많아지는 시기였다. 첫 투병에서 통달했다고 생각한 그 주제가 왠지 더 깊숙한 공간으로 침투했고, 온갖 잡념들이 나를 사로잡기도 했으나, 어떤 생각도 나를 무너뜨리진 못했다. 다만 그날 여리디 여린 약점 부위를 찌르는 하나의 상상이 찾아왔다.

 장례식. 22살 이후 병원과 친해지며, 이따금씩 찾아오는 친구 부모님이나 조부모님의 장례식을 갈 때면, 친구들은 '내 부모님도 언젠가…'를 생각할 때 혼자 '내가 죽는다면…'을 상상하기 일쑤였다. 장례식을 어떻게 치르고 싶다거나, 어떤 노래를 틀었으면 하는지를 고민한 시절도 있다. 그날따라 희한하게 내 장례식장에 멍하니 앉은 어머니의 모습이 떠올랐다.

 어머니는 강한 분이시다. 정신적 지주, 흔들림 없는 기둥처럼 우리 가족을 지탱하신다. 어떤 어려움이 찾아올 때도 어머니는 견고했다. 집안에 힘든 일이 있거나, 형이 아파 사경을 헤맬 때도 그랬다. 언제나 "사랑과 감사가 없으면 크리스찬이 아니다"라고 가르치신 어머니는 여전히 그 말을 삶으로 살아내고 계신다. 그런 엄마의 넋이 나간 모습이 머릿속을 스친 것이다.

 다이아몬드보다 단단한 마음으로, 세상 어떤 시련이 찾아와도 견고한 어머니를 무너뜨릴 유일한 소식은 나의 죽음이 아닐까 싶었다. 사랑과 감사로 가득한 당신의 삶에서 그 모든 것을 앗아갈지도 모를 단 하나의 변수가 있다면 나의 죽음이지 싶었다. 목숨보다 큰 그 사랑을 알기에 두려웠다. 그래서 멈추지 않는 눈물을 흘렸다. 가장 존경하고 사랑하는, 세상 누구보다 반짝이며 빛나는 어머니가 빛을 잃어버릴 것만 같아서.

 거기에 도달하고 나니 다른 얼굴들도 하나 둘 떠올랐다. 어머니 말고도 나의 장례식이 슬픔이고 고통일 이들. 아버지와 형, 중학교 시절부터 곁을 지켜준 친구들, 자신의 졸업 공연에 나를 위해 만든 노래를 불러준 형, 휴학한 사이 신입생에서 박사생이 되어 내 수업조교로 들어온 후배, 복학 후 몸이 아파 고생할 때 달걀양파죽을 끓여준 동생까지. 꼬리에 꼬리를 물고 나열되는 이름들은 되려 눈물을 멈추게 만들었다.

 발버둥 쳐봐야 결국 다시 원점. 두 번째 투석으로 삶에 대한 의욕이 사라져 가던 시기였다. 희미해진 불씨에 갑자기 부어진 기름처럼, 그 장면은 나를 불타오르게 만들었고, 다시 살아갈 수 있도록 하였다.

그런 날이 있었어.
어느 하루, 더 이상 숨 쉬지 않는 신장을 대신해
기계를 의존하려 병원으로 향하던 길 위에
갑작스레 찾아온 이름 붙일 수 없는 감정.

죽음. 내게는 영화 속 마지막 장면,
혹은 누군가에게 분명 일어날 하나의 사건,
반복해서 말했지만, 실감이 없는 단어.
그래, 나와는 상관없다고 느낀 그 단어가
갑자기 머릿속에 뚜렷하게 그려졌고, 밟혀.

나의 장례식, 슬피 우는 사람들, 그 사이 엄마.
내게 신의 사랑을 가르친 당신의 하늘을 향한 원망.
그리고 돌아서서 하늘을 등지는 슬픈 결말.

어떤 시련과 풍파 앞에도 쓰러지지 않았던
당신의 중심을 지키는 견고한 기둥보다 큰
나를 향한 당신의 사랑을 알아서 눈물이 흘렀어.

나의 마지막보다도, 당신이 무너질까 슬퍼서.

IX.
재이식

| 또 한 번의 수술

 2015년 말 다시 시작한 투석은 1년이 넘도록 계속되었다. 부모님은 바로 이식 수술을 하기를 강력히 권하셨지만, 이제 막 자리를 잡아가고 있는 학교와 학생들에 대한 책임감과 재이식 수술에 대한 두려움 등의 이유로 일단 1년 더 투석을 받은 후에 수술을 하기로 합의했다. 1년은 금방 지나갔고 2017년 1월, 재이식 수술을 결정했다. 기증자는 아버지였다.

 아버지께 신장을 받는 결정을 하기까지 고민의 과정이 많았다. 대안학교에서 일을 하고 있던 당시, 부모님과 형은 바로 수술을 하자고 말했지만 선뜻 그 선택을 하지 못했다. 처음 이식받은 신장의 수치가 수술 후 얼마 지나지 않아 나빠지는 걸 보며 외숙모께도, 가족들에게도 죄송한 마음이 너무 컸던 기억이 나를 괴롭혔다. 더불어 첫 이식에서 5년을 견디지 못한 경험이 '두 번째도 비슷하지 않을까? 혹은 그보다 짧아지면 어떡하지?'라는 공포를 심어주었다. 복잡한 감정과 생각들 사이, 투석을 받으며 고민하기로 결정했고, 가족들은 그 결정 역시 존중해주었다.

　다시 이식을 결심한 것도 가족들 덕분이었다. 함께 모여 대화할 때면, 수술을 하는 게 맞을지 모르겠다며 고민에 빠진 나와 다르게 가족들은 서로 왜 자신이 이식해 주는 게 가장 탁월한 선택인지 주장하며 100분 토론을 펼쳤다. 나의 미안함과 불안함이 끼어들 틈이 없게 사랑과 지지로 나를 위로하고 다독였다. 시간이 지나며 자연스레 수술은 기정 사실화되어 있었고 나의 걱정은 자연스레 용기 되어 준비 수순을 밟기 시작했다.

　5년 사이 일어난 기적이라면, 혈액형이 달라도 수술이 가능해졌다는 것. 지난번보다 더 과정도 복잡하고, 어쩌면 더 위험한 수술일 수는 있겠으나 가능해졌다는 사실 만으로도 감사한 일이었다. 보다 복잡한 수술이다 보니 수술 전 검사 과정에서 예정과 달리 수술이 조금 미뤄졌고, 수술 날짜는 2월 8일로 확정되었다.

　우리는 "겪어보지 않은 사람은 모른다"는 말을 종종 한다. 그만큼 사람에게 경험은 매우 중요한 배움의 방식이며, 우리의 말과 행동의 선택, 습관의 형성, 그리고 가치관 정립에 있어 매우 중요한 역할을 한다. 5년이 지난 기억이라도 생생했던 지난 이식 수술의 기억은 두 번째 경험에 엄청나게 큰 도움을 주었다.

　사실 수술의 어떤 프로세스에 관해서 기억하는 부분은 극히 드물었다. 모든 게 처음이었던 2010년의 첫 이식 수술은 정신없이 지나갔고, 얼마나 아팠는지, 고통스러웠는지, 답답하고 힘들었는지, 무엇 때문에 고생했는지와 같은 육체적, 감정적 어려움들에 대한 잔상이 무의식 어딘가에 남아있을 뿐이었다. 수술의 순서와 절차, 검사들이나 과정은 거의 기억 속에서 사라지고 없었다. 하지만 기억하지 못한다고 해서 잊은 건 아니었나 보다. 힘들고 아팠던 몸이 그 기억들을 고스란히 담아두고 있었나 보다. 덕분에 두 번째로 진행된 수술의 과정을 예측하고 반응할 수 있었다.

　수술 준비의 시작은 혈장교환술이었다. 아버지와 나의 혈액형이 다른 탓에 내 혈장에 있는 아버지의 장기에 대한 항체를 없애는 과정이고, 이는 이전에는 없던 과정이었다. 하지만 첫 수술 후 거부 반응이 왔을 때 거부반응을 잡기 위한 치료 목적으로 혈장교환술을 했던 터라 낯설지 않았다.

　혈장 교환술을 할 때는 알러지 반응과 칼슘 저하로 인한 증상이 주로 생기는데, 어떤 반응이 올 때 절대 참아서는 안 된다. 처음 혈장교환술을 할 때는 어느 정도의 간지럽거나 증상이 있을 때 참으려 했다. 다른 사람에게 피해주기를 싫어하는, 내가 조금 희생하는 게 오히려 편하다고 믿는 내 나름의 배려였겠지만, 이는 오히려 그들에게 방해가 되는 쓸데없는 노력이었다. 오히려 참다 참다 더 참기 힘들어졌을 때에 말씀을 드린 게 문제가 되었다. 술을 먹다가 취기가 올라와 마시기를 멈추어도, 시간이 지날수록 이미 마셔 놓은 술에 더 취해가듯, 알러지 반응이 어느 정도 일어났을 때 항히스타민제를 투여한다고 해도 증상은 점점 심해지게 된다. 결국 참았던 만큼 늦어진 대처 덕에 온 몸에 두드러기가 올라오고 혈장교환술을 잠시 멈추며 후속 조치를 해야 했고, 이는 의료진들에게는 더 큰 고생이 되고 말았다.

과거의 경험을 기억하며 이번에는 조금만 간지러워도 바로 말씀을 드리고, 상황에 맞는 주사를 맞으며 큰 무리 없이 모든 알러지 반응과 증상들을 해결해갈 수 있었고, 어려울 수 있었던 첫 단계를 수월하게 지나갈 수 있었다.

혈장교환술이 끝나면 본격적인 수술 준비에 들어간다. 온몸을 소독하기 위해 소독약 샤워를 해야 하고, 수술을 위한 두꺼운 주사 바늘을 잡아놓고, 관장을 통해 속을 비운다. 어렵지는 않지만 귀찮은 일련의 과정은 익숙했고, 어느새 수술 날 아침이 찾아왔다.

수술실에 들어갈 때면 항상 겁을 먹게 된다. 벌써 전신마취를 하는 수술만 5번째였지만, 여전히 간이침대에 누워 수술실로 이송되어 가는 길은 낯설었다. 이번에도 역시 머리 위를 지나치는 형광등을 보며 온갖 생각들을 한다. 다시 이런 상황에 올 수밖에 없었던 이유, 나로 인해 상처받고 아파했던 사람들, 그리고 지금 이 순간 나를 위해 기도해주는 사람들, 내가 믿는 신과 주위의 사람들 앞에서 부끄러웠던 나의 잘못과 허물들. 그 모든 것들이 하나하나 머리를 스치며 후회도 하고, 다짐도 하다 보면 수술실에 도착한다.

 수술실은 나 빼고 모두가 분주하다. 간호사들은 계속 무언가를 체크하고, 연결하고, 확인한다. 그래도 이제는 꽤나 익숙한 풍경, 이런저런 질문을 던지며 스스로 긴장을 풀기 위해 노력한다. 준비가 끝나고 나면 의사 선생님이 오시기도 전에 입에 산소마스크 같은 것을 갖다 댄다. 깊게 심호흡을 하며 정신을 잃어가는 과정을 기억해보려 애쓴다. 그리고 그 깊은 호흡들 사이 다시 눈을 떴을 때 회복실에서 느낄 고통에 대한 꽤나 구체적이고 정확한 상상을 하며 잠이 든다.
 몽롱하게 잠이 들고난 후 눈을 떴을 때 온갖 상처를 안고 회복실에 누워 신음하는 나를 마주한다. 수술실만 수 번째, 배를 20cm 이상 개복하는 수술만 벌써 세 번째인 상황에서 어떤 고통이 나를 기다릴지는 정확히 예상을 할 수 있다. 그리고 그건 마치 사랑하는 사람과의 이별 같이 수 십 번을 반복한다 해도 결코 익숙해질 수 없는 고통이다. 실제로 처음 수술을 하고 나왔을 때는 회복실에서 기절을 했었다. 이번 수술에는 그래도 지난 경험들이 도움이 됐는지 심호흡을 하고 진통제를 맞으며 아슬아슬하게 견뎌냈다. 사실 지금 돌이켜 보면 차라리 기절해버리는 게 그 인고의 시간을 더 빨리 보내 버리는 방법이 아니었을까 하는 작은 후회가 들기도 한다. 그만큼 회복실에서의 시간은 매우 길게 느껴졌다.

  형의 도움도 컸다. 수술실로 들어가기 전, 얼마나 아플지를 알기에 걱정하자 형은 이런 말을 해주었다.

  "나는 어려운 일이 앞에 기다리고 있을 때는 그 어려운 일에 집중하지 않고, 그 모든 일이 지나고 나서 그 어려운 일을 돌아볼 때의 나를 상상해. 더 먼 미래에서 보면 앞에 닥칠 일도 더 긍정적으로 바라보게 되더라"

  실제 회복실에 누운 채, 수술 후 1주일 정도가 지난 후 통증도 많이 줄어든 상태에서 이미 퇴원한 아빠와 웃으며 회복실에서 마주쳤던 이야기를 하는 상상을 했다. 내가 아파할 때마다 나에게 하신 "이 또한 지나가리라"는 아버지의 말씀 역시 고통의 순간에 되뇌이며 힘을 얻는 주문이다.

  병실로 돌아왔을 때에도 고통은 계속됐지만 힘든 내 손을 잡아 줄 누군가가 옆에 있다는 것은 차원이 다른 위로가 된다. 병실 침대에 눕자마자 애처로운 눈빛으로 형을 바라보며 던진 첫마디는 "손 좀 잡아줘"였다.

삶이 고통일 때, 힘든 일이 있을 때 우리는 '누구에게 얘기해 봐야 어차피 도움도 안 돼', '말해봤자 달라지는 건 없잖아'라고 말하며 혼자 끙끙 앓곤 한다. 그날 병실에서 꼭 잡아준 형의 손은 통증을 없애거나 병이 낫게 해 주지는 못했지만, 내가 그 고통을 이겨낼 힘을 주었다. 함께 해주는 이가 있다는 사실만으로 우리 마음은 거대한 힘을 얻는다.

오랜 병원의 경험을 통해 배운 또 한 가지가 있다면 환자는 때로 이기적이어야 한다는 사실이다. 조금이라도 불편하거나 필요한 부분이 있다면 미안해하거나 눈치 보지 말고 요청해야 한다. 보호자에게든 간호사에게든 그들이 최선을 다해 도와주도록 하는 것이 그들에 대한 배려이며, 동시에 내가 가장 빠르게 회복해 그들의 힘듦을 덜어주는 일이기 때문이다.

형이 손을 잡아주는 순간 금세 안정을 찾았다. 어려운 것은 다 지났고, 이제 시간이 해결해줄 거라는 안도감이 들었다. 조금 후에는 다리를 주물러 달라고 했다. 이상하게 발이 차게 느껴졌고, 형은 자신의 발마사지샵에서 받았던 경험과 악력을 힘껏 살려 발을 주물러 주었다. 발도 금세 온기를 되찾았다. 그러면서 마치 마취와 수술로 막히고 굳었던 온몸의 혈이 뚫리 듯 빠르게 피가 돌기 시작한 느낌이었다. 기적 같이 고통도 완화가 되는 느낌을 받고 병실로 올라온 지 2시간이 채 안 된 상황에 이미 착각을 할 정도였다. 상처 부위의 통증도 이상하게 참을만했다. 첫 수술 후에는 이런 안정기를 찾는데

1주일 이상이 걸렸던 것 같은데, 형의 발마사지가 마치 마법처럼 나의 몸을 회복시켜준 느낌이었다. 신장이식 수술을 하면 신장이 기능을 하기 위해 소변이 계속 나오는 것이 중요한데, 신장의 상태도 좋아 소변량이 어마 무지하게 쏟아져 나왔다. 모든 과정이 말이 안 될 정도로 완벽에 가까웠다. 기적이었다.

 사람은 모든 것이 너무 완벽해 버리면 오히려 불안해하기 마련이다. 폭풍 전야처럼, 운수 좋은 날처럼, 드라마 도깨비에서 지은탁이 죽기 전 마지막 하루처럼, 모든 것이 완벽한 날의 끝에는 어떤 큰 슬픔이나 어려움이 기다리고 있지 않을까 하는 불안을 느낀다. 회복의 과정이 너무 원활하자 비슷한 불안이 엄습했다. 그리고 문득 아버지가 걱정됐다. 나에게 신장을 주신 아버지께서 힘들어하시지는 않을지, 혹시 모를 어떤 합병증으로 문제가 생기는 건 아닌지, 온갖 걱정으로 가득했다. 움직일 수가 없어 가볼 수가 없으니 더 불안하고 답답한 마음이었다.
 시간이 지나며 어머니와 형을 통해 들은 아버지의 소식은 모든 게 기우였음을 알려주었다. 내가 경험한 기적 같은 회복이 아버지에게서도 동일하게 일어나고 있었다. 우리는 이해할 수 없을 정도로 빠르고 원활한 회복의 과정을 거쳤다. 그 결과 아버지는 수술을 한 지 5일 만에, 나는 수술을 한 지 7일 만에 퇴원을 했다. 그렇게 퇴원한 것이 불과 지난주의 일이다.

| 그저 평범한 이야기

또다시 원점으로 돌아온 지금, 내 마음에는 설렘이 가득하다. 다시 시작점으로 돌아왔다는 것은 다시 출발할 수 있다는 의미이기에. 어떤 꿈을 꿀 것인가? 어떤 걸음을 내디딜 것인가? 어떤 의미들로 나의 남은 날들을 채워갈 수 있을까? 짧은 인생의 날들 속에서 배운 나의 가치와 삶의 방식으로 이제야 겨우 본격적이 될 인생을 그려본다.

31살의 백수, 혹은 취업 준비생. 그것이 지금 내 모습이다. 여전히 방황하고, 나도 나를 잘 모르는, 그저 평범한 또 하나의 인생일 뿐이다. 여전히 무엇 하나 이루지 못한 나이기에, 대단할 것 하나 없는 인생이기에, 이렇게 내가 걸어온 길을 소개하는 게 어떤 의미가 있을까 걱정이 앞서기도 하지만, 그럼에도 무엇 하나 손에 쥔 것 없는 지금 이 순간에 펜을 든 이유는 내 인생이 그저 어떤 고난을 극복하고 이겨내어 성공을 이룬 또 하나의 성공담이 되지 않았으면 하는 바람 때문이다. 되려 내가 걸어온 여정이 결코 뜻대로 되지 않는 세상을 함께 걷고 있는 당신에게 하나의 물품요, 느낌표로 다가가기를 바랄 뿐이다.

사람은 누구나 자신만의 어려움을 품고 산다. 내가 겪은, 그리고 지금도 겪고 있는 이 어려움 역시 그러한 것들 중 하나이다. 이렇게 그저 평범한 한 존재의 이야기가 이 글을 읽는 당신의 삶에 작은 울림이 되기를. 내가 느끼고 깨달은 그 모든 것들이 누구에게는 위로가, 자극이, 다시 자신의 삶을 돌아보도록 돕는 질문이 되어 주기를 또 한 번 기도한다.

Epilogue
그리고 다시, 5년

 인생의 가장 낮은 곳에서 내가 지나온 걸음들을 그려내겠다며 자서전을 쓴지도 벌써 5년이 흘렀다. 책을 완성하던 2017년, 두 번째 이식 수술을 마치고 회복을 하던 그때와는 또 많은 것이 달라진 2021년을 살고 있다. 새로운 직장을 다니고 있고, 다양한 즐거움을 추구하고 있다. 무엇보다 아버지가 주신 신장은 여전히 건강히 기능하고 있다.

 출판을 위해 내가 쓴 글을 읽어 내려가며, 어느새 잊힌 감정과 기억들을 불러일으키기도, 새삼 고개를 끄덕이며 지난 나로부터 배움을 얻기도 한다. 그 사이 지금은 동의되지 않는 생각이나 글을 쓰던 당시 격렬하게 느꼈던 감정을 마주하기도 한다. 그럼에도 가능한 그때 그대로를 담아내고자 노력한 것은, 지금 내가 이룬 성취들이 주는 안정감으로 불안하고 불안정했던 과거의 거친 언어를 훼손하고 싶지 않음이다.

 우리는 말에 생각을 담는다. 글에 마음을 담는다. 글을 읽으며 당시의 내가 담아놓은 나를 만난다. 많은 감정들이 꿈틀대지만, 결과적으로는 여전하다- 싶다. 사람은 쉽게 변하지 않는다던데, 정말 그렇다. 변함없음을 볼 수 있음에 좋다.

책에 나의 10대와 20대의 삶을 정성스레 담아 놓았다. 아마 30대의 나를 다시 글로 옮겨 적는다면, 꽤 다른 분위기의 책이 될 것이다. 아마 이 또한 일반적인 30대의 삶과는 결과 모양이 조금 다를지 모르겠다.

한 명의 독자로서 책을 다시금 읽으며 과거의 나에게 말을 건넨다.

"투병의 시간을, 삶을 견디어 지금 이 자리에 서 있는 것만으로 충분히 멋지다."

내가 그렇듯, 열심히 걸어온 삶의 걸음 위에서 당신도 그러하다.

From. Family

From. 어머니

  두수야, 처음 자서전 원고를 읽어봐 달라고 했을 때 조금은 조마조마한 마음이었지. 가족의 글을 읽는다는 것은 참 특별한 경험인 같다. 무엇보다 이 책을 쓰는 목적이 궁금했다. 혹시 자기 연민에 빠진 지나친 감상주의를 만나게 되면 어쩌나 하는 생각도 얼핏 있었던 것 같다. 우리나라 청소년과 청년들의 삶과 교육, 고민에 대한 너의 작은 봉사 같아서. 네 눈을 그 어느 때보다 반짝이게 하고 가슴을 뜨겁게 하는 것이 바로 그런 거였지. 어쩌면 그런 너의 비전이 지금까지 네 삶을 지탱해주었고 앞으로도 네 삶을 지탱해줄 것이란 생각이 든다.

  고3 때 네 담임 선생님이 하신 말씀을 잊지 못한다.

  "두수는 장래 희망이 참 독특해요. 장래 희망이 '세상을 바꾸는 사람' 이랍니다."

  나는 네가 분명한 비전을 가지고 사는 아이라는 게 참 감사했었고, 한 순간도, 네가 노란 머리를 하고 힙합에 빠져 수능 이틀 전까지 공연 준비를 할 때도, 대학은 못 갈지 몰라도 그 비전을 따라 살 거라는 걸 의심한 적은 없었다. 누가 지은 것인지 모르지만 책 제목은 정말 잘 정한 것 같다.

조르주 상드의 자서전 시작에 쓴 "타인에게는 관대함을, 나 자신에게는 엄격함을, 신 앞에서는 진실함을" 이란 제언을 번역할 때 함께 고민했던 기억이 난다. 언젠가 나도 자서전을 쓰게 되면 이 글을 써야지 했는데 너도 그 말을 깊이 새기고 있었구나. 어쩌면 이 말은 우리 가족 모두에게 깊은 울림을 주는 말이란 생각이 드네.

너희 둘을 데리고 떠난 파리행은 우리 모두에게 큰 전환점이 되었던 것 같다. 생각해보면 우리 세 명에게 보석 같은 시간들이었지. 공부보다 박물관을 다니고 여행을 하며 셋이 파리를 경험하던 그 자체가 너무 행복한 시간처럼 생각된다. 더욱이 그런 조기 유학의 경험이 너희 삶에 좋은 결과를 가져온 것은 다행이지만, 책을 읽으며 파리 교육에 대한 지나친 미화가 독자들에게 자칫 거부감을 주지 않을까 염려되기도 한다.

네가 처음 쓰러지고 의사 선생님 입에서 만성신부전이라는 말을 들을 때, 너무 쉽게 그 단어를 말하는 선생님 뺨을 때릴 뻔했던 기억도 난다. 그리고 병실에 단둘이만 되었을 때 네게 비장한 마음으로 이런 말을 했었지.

"하루 4시간씩 투석하는 거 시간 낭비라고 생각하지 마라. 세상에는 하루 4시간을 게임이나 연속극이나 쓸데없이 보내는 사람들이 많으니까."

그리고 나는 그때 속으로 혼자 결심했단다. "엄마는 절대로 울어서는 안된다"라고.

내 인생에서 가장 힘든 때를 말하라면 네가 다시 투석을 시작할 때였어. 너도 그때 그렇게 울었더구나. 나도 그때 버스에서건 공원에서건 남이 보건 말건 상관없이 울고만 다녔었다. 정말 눈물이 하염없이 흘렀어. 아무 생각 없이 가만히 있어도… 아마도 엄마라는 존재는 10달 동안 자식을 뱃속에서 키워내며 그 긴 기간 동안 그 자식에 대한 절대적 보호 본능이 생겨나는가 싶다. 내가 어떻게 대신해줄 수도 없는 너의 아픔, 너의 절망을 생각만 해도 가슴이 미어져왔다. 평소에 감사와 기쁨이 없으면 크리스천 아니라고 큰소리 쳤지만 그때만큼은 기쁠 수가 없더라고.

네가 쓴 것처럼 나는 또 우리 가족 모두는 지난 온 힘든 시간들이 "어떤 의미를 가지고 신이 우리에게 허락한 하나의 과정"이라고 생각하고 있을 거야. 또 네 말처럼 그 어려움 속에서 "더 많은 기쁨과 감사의 순간들이 있었으며, 그 속에 우리에게 찾아온 성찰과 깨달음의 순간들"도 많았지. 무엇보다 너의 어려움은 우리 가족에게는 방부제 같은 거여서, 네가 조금만 힘들어도 각자 자기 방에 들어가 자기의 죄를 회개하고 또 회개했다. 그래서 너의 고난은 우리 가족 모두에게 큰 선물이었지. 함께 가족 예배는 또 얼마나 많이 드렸는지…

이제 건강을 찾고 모든 것이 편안해진 지금 네 글을 보며 많은 눈물을 흘렸다. 아마도 울어서는 안 된다며 참았던 눈물이 모두 터져 나온 것 같아. 그리고 '이제는 울어도 돼'라고 스스로에게 되뇌이고 있다. 뒤돌아보면 그 험난한 절벽 외길을 어떻게 그렇게 웃으며 노래하며 지나왔나 싶기도 하다.

From. Family

나는 이 모든 것을 오직 하나님께만 감사하고 싶다. 닥쳐왔기에 살아낸 우리의 여정을 다시금 돌아볼 수 있는 기회를 주어 고맙다.

From. 형

사랑하는 두수야.

책을 읽으면서 마치 시간여행을 하는 듯했다. 너와 함께 했던 파리, 분당, 릴, 영국 그리고 다시 한국. 네가 힘주어 걸어왔던 길, 그리고 책에는 다 담기지 못한 수많은 에피소드들이 매 페이지의 여백을 채웠다. 너의 이야기지만 어쩌면 우리 가족의 이야기이기도 한, 세상에서 가장 가까웠던 네 사람의 지난 발걸음들이 고스란히 담겨 있네. 너의 투병기를 비롯한 대한민국 청소년들을 향한 비전은 내 주변인들까지도 언젠가는 꼭 책으로 엮어줬으면 하는 내용이었는데, 이렇게 너의 삶 전체를 통해 증명해낸 이야기들이 더 많은 사람들에게 나눠지게 돼서 누구보다 기쁘다.

인생을 살다 보니 사람의 말은 그다지 믿을 것이 못되더라. 그래서 사람의 말보다 그 사람이 걸어왔던 길을 신뢰하는 나에게 너는 언제나 동생 이상으로 특별한 존재였다. 네가 쓴 것처럼 삶의 유한함을 끊임없이 경험하고 직면했기 때문일까? 사회인이 되고 주변에서 정의하는 기준과 책임을 맞추느라 수시로 방향을 잃는 나와 달리 너는 항상 태산처럼 단단했고, 너의 그 일관된 삶의 목적이 나에게는 영감의 원천이자 나침반이었다. 이 책을 읽으면서 너라는 존재를 내 삶에서 가장 가까운 인연인 가족으로 만나게 된 것이 얼마나 큰 축복인지 새삼스레 다시 한번 느꼈다.

너의 병명이 확정되고 본격적인 치료가 시작됐을 무렵을 기억한다. 20대에 신부전증을 갖고 투석을 시작하게 되면 많은 경우 우울해하거나 삶에 대한 의지를 잃는 시기가 있으니 옆에서 잘 지켜보라는 의료 관계자분들의 조언을 듣고는 했지. 그 당시 나는 그 우려가 너에게는 해당이 안 된다고 느꼈다. 내가 옆에서 봐온 너는 투병생활을 그저 버티지 않았으니까. 너는 투병 또한 너의 삶의 일부로 인정했고 애벌레가 꾸역꾸역 언덕길을 오르는 것이 아니라, 경이롭게도 나비가 되어 날아가는 것을 내가 목격했으니까. 한 인간이 어떻게 그런 용기와 결단력을 가질 수 있는지 나는 아직까지도 다 이해할 수 없지만 너는 매 역경을 이겨낼 것을 선택했고, 이 책은 한 인간의 승리의 기록지라고 생각한다.

영겁과도 같았을 수많은 밤과 고민의 시간들이 농축된 너의 이 첫 번째 책이 누군가에게 한줄기 빛처럼 닿을 것이라고 믿는다. 네가 써내려 간 의미와 이야기가 지금 피할 수 없는 비를 맞고 있거나 한 치 앞도 보이지 않는 안갯속을 걷고 있는 사람들에게 비 온 뒤 하늘을 그릴 수 있는 가능성이 되길, 너의 힘차게 뛰는 심장박동 소리가 다른 이의 심장박동으로 전이되길 바라고 기대한다.

네가 지금까지 혼자였던 적이 없듯, 지금은 예측조차 할 수 없는 앞으로의 삶의 여정 또한 함께 하자. 수많은 언덕과 굽이진 길들을 지나 다시 한번 산 중턱에 있는 벤치에 앉아 우리가 함께 걸었던 길을 돌아보며, 그저 살아 있다는 것에 대한 감사와 사랑을 노래하자. 항상 건강하고, 충만하고, 마음의 여유로 주변의 행복을 돕기를 기도하고 응원한다. 고생 많았고, 정말 잘했다. 사랑하는 내 동생이자 벗, 스승인 두수야.

From. 아버지

아빠의 어느 날의 일기

하나님께서 주신 황홀한 선물 내 아들 두수,
세상을 다 가진 것 같은 큰 기쁨을 줬던 고맙고 자랑스런 내 아들 두수.

그렇게 여린 줄 모르고 강한 남자가 되라고 다그쳤던
그래서 가슴 미어지게 미안한 내 아들 두수.

죽음과 가깝게 지내면서 속 깊은 청년이 된 안타까운 내 아들 두수,
기도할 때 눈물이 솟구치고 하나님께 울부짖게 만드는 애틋한 내 아들 두수.

고마운 그리고 미안한 두수,
주여 내 생명 대신 가져가 주시고 두수를 보호하여 주시옵소서…

그냥 살아, 그거면 돼.
- 인생의 가장 낮은 곳에서 기록하는 평범한 청년의 삶

초판 1쇄 2021년 08월 31일

저자 비온뒤하늘
펴낸이 박지수

펴낸곳 노네임아트북(Noname Art Book)
표지 디자인 리미
내지 디자인 당아
교정교열 권현진

출판등록 2021.06.03(제2021-000183호)
주소 서울특별시 강남구 언주로 97길 7, 썬힐2빌딩 3층
전화 0507-1389-9569
이메일 noname_art_book@naver.com
홈페이지 www.nonameartbook.modoo.at/
블로그 https://blog.naver.com/noname_art_book

ⓒ 비온뒤하늘, 노네임아트북 2021, Printed in Korea.

ISBN | 979-11-975114-0-0 (13190)

값 15,000원

- 이 책에 실린 모든 콘텐츠는 저작권법에 따라 보호받는 저작물이므로 무단복제를 금지하며, 이 책 내용의 전부 또는 일부를 인용하시거나 참고하실 경우 반드시 저작권자와 노네임아트북의 허락을 받아야 합니다.
- 파본은 본사나 구입하신 서점에서 교환해 드립니다.